분야별로 배우는 필수일단어

분야별로 배우는
필수일단어

초판 1쇄 인쇄 ㅣ 2016년 07월 20일
초판 1쇄 발행 ㅣ 2016년 07월 25일
지은이 ㅣ 정선영
펴낸곳 ㅣ 좋은친구 출판사
펴낸이 ㅣ 조병욱
디자인 ㅣ 디자인 감7
등록번호 ㅣ 제2016년 -9호
주소 ㅣ 서울특별시 도봉구 시루봉로 192-6, 202호
전화 ㅣ 070-8182-1779   팩스 ㅣ 02-6937-1195
E-mail ㅣ friendbooks@naver.com

ISBN 979-11-957808-1-5   10730

값 9,000원

りょういき

분야별로 배우는
필수일단어

일상생활에
꼭 등장하는 필수
주제별 일본어 단어!!

 정선영 **지음**

좋은
친구

머리말

외국어 공부를 시작할 때 가장 먼저 접하게 되는 것이 바로 단어일 것입니다. 다른 말로 어휘라고도 하는데, 외국어 공부에 있어서 기본 중의 기본이죠. 그러나, 어휘 공부는 문법이나 문형을 공부하는 것보다 훨씬 고단하고 힘들기 때문에 많은 인내심이 필요하게 됩니다.

외국어 능력을 평가함에 있어서 어휘가 차지하는 비율은 매우 높습니다. 자기 머릿속에 내장시킨 어휘량이 많으면 많을수록 문장 구사력이 매끄럽고 부드러워집니다. 일본어 역시 다른 외국어와 마찬가지입니다. 일본어에 입문했거나 초급 수준의 어휘량은 자신의 외국어 실력에 큰 영향을 끼치지 않지만, 점점 깊이 공부하게 되고 중급을 넘어 고급 수준의 실력에 올라갔을 때에는 얼마나 많은 어휘를 알고 있느냐에 따라 실력이 탁월한지 아닌지를 판단하게 됩니다.

이렇게 일본어 어휘가 중요하다는 것은 알지만 아무런 기준 없이 무작정 단어를 암기하는 것은 너무 고단한 과정입니다. 그렇다면 어떤 기준으로 어떤 단어부터 배워나가는 것이 가장 효율적일까요? 우리는 언어를 배울 때 일상생활에서 가장 자주 접하는 단어부터 익히고 사용함으로써 언어 능력을 발전시켜 나갑니다. 이러한 과정은 일본어 학습에서도 마찬가지일 것이라고 생각합니다.

그래서 이 책은 우리의 일상생활에 꼭 등장하는 필수 테마 즉, 주제별로 어휘를 모아놓아서 일본어 초보자가 일상생활에서 접하는 단어부터 익히며 그와 연관된 단어로 확장해 나아갈 수 있도록 하였습니다.

또한 그 어휘와 관련된 또 다른 어휘는 물론, 그 어휘를 이용하여 실제 회화에서 사용할 수 있는 숙어 표현까지 중요 표현만 뽑아내어 실었습니다. 게다가, 손 안에 쏙 들어오는 포켓 사이즈라서 식사할 때나 이동할 때 등 언제 어디서든 부담 없이 공부할 수 있다는 점도 또 하나의 특징입니다.

처음 이 단어장을 보실 때에는, 그냥 신문을 읽듯이 암기하려는 생각보다 한 번 쫙 훑어본다는 느낌으로 한 장 한 장 읽어보세요. 그렇게 처음부터 끝까지 본 후에, 두 번째에는 한 단어 한 단어 집중하여 읽어보세요. 분명 자기 스스로 놀랄 정도의 큰 효과를 실감할 수 있을 것입니다.

차 례 contents

contents

Japanese Vocabulary

01 우리의 몸

신체

1. 상반신

☑ **上半身**(じょうはんしん)   상반신
죠-한싱

☑ **頭**(あたま)   머리
아따마

☑ **髪**(かみ)**の毛**(け)   머리(카락)
카미노께

> **tip** 회화에서는 줄여서 髪(かみ, 카미)라고도 한다.

☑ **首**(くび)   목
쿠비

> **tip** 몸 속의 '목, 목구멍'은 喉(のど, 노도)라고 한다.

☑ **肩**(かた)   어깨
카따

☑ **脇**(わき)   겨드랑이
와끼

☑ **胸**(むね)   가슴
무네

☑ **背中**(せなか)　　　　　　　　등
　세나까

☑ **腕**(うで)　　　　　　　　　팔
　우데

☑ **ひじ**　　　　　　　　　　팔꿈치
　히지

☑ **手首**(てくび)　　　　　　　손목
　테꾸비

☑ **手**(て)　　　　　　　　　손
　테

　　tip 관련 어휘
　　　손등　手(て)の甲(こう)　테노꼬-
　　　손바닥　手(て)のひら　테노히라

☑ **指**(ゆび)　　　　　　　　손가락
　유비

　　tip 다섯 손가락의 명칭
　　　엄지손가락　親指(おやゆび)　오야유비
　　　검지　人指(ひとさ)し指(ゆび)　히또사시유비
　　　중지　中指(なかゆび)　나까유비
　　　약지　薬指(くすりゆび)　쿠스리유비
　　　새끼손가락　小指(こゆび)　코유비

☑ **爪**(つめ)　　　　　　　　손톱
　츠메

☑ **腹(はら)**　　　　　　　　　　　배
하라

　　tip 회화에서는 おなか(오나까)라고도 한다.

☑ **へそ**　　　　　　　　　　　　배꼽
헤소

2. 하반신

☑ **下半身(かはんしん)**　　　　　하반신
카한싱

☑ **腰(こし)**　　　　　　　　　　허리
코시

☑ **尻(しり)**　　　　　　　　　　엉덩이
시리

　　tip 보통 앞에 お(오)를 붙여서 おしり(오시리)라고 한다.

☑ **腿(もも)**　　　　　　　　　　넓적다리
모모

☑ **股(また)**　　　　　　　　　　가랑이
마따

☑ **ひざ**　　　　　　　　　　　　무릎
히자

16

☑ **すね**
스네

정강이

☑ **足(あし)**
아시

다리, 발

☑ **足(あし)の指(ゆび)**
아시노 유비

발가락

☑ **かかと**
카까또

발꿈치

    tip 신발의 '굽'을 가리키기도 한다.

☑ **足(あし)の爪(つめ)**
아시노 츠메

발톱

3. 얼굴 · 피부

♦ 얼굴

☑ **顔(かお)**
카오

얼굴

[얼굴형]

☑ **顔型(かおがた)**
카오가따

얼굴형

☑ **卵形**(たまごがた)　　　　계란형
　타마고가따

　tip '형태'란 뜻의 한자를 型이 아닌 形으로 쓴다.

☑ **面長**(おもなが)　　　　긴 얼굴
　오모나가

☑ **丸顔**(まるがお)　　　　둥근 얼굴
　마루가오

[얼굴 부분]

☑ **額**(ひたい)　　　　이마
　히따이

　tip 회화에서는 おでこ(오데꼬)라고도 한다.

☑ **頬**(ほお)　　　　볼, 뺨
　호-

　tip 회화에서는 ほっぺた(홋뻬따) 또는 ほっぺ(홋뻬)라고 한다.

☑ **顎**(あご)　　　　턱
　아고

☑ **目**(め)　　　　눈
　메

☑ **眉毛**(まゆげ)　　　　눈썹
　마유게

　tip 줄여서 眉(まゆ, 마유)라고도 한다.

☑ **鼻(はな)**   코
하나

☑ **耳(みみ)**   귀
미미

> **tip** '귓볼'은 耳(みみ)たぶ(미미따부)라고 한다.

☑ **口(くち)**   입
쿠찌

☑ **唇(くちびる)**   입술
쿠찌비루

☑ **歯(は)**   이, 치아
하

☑ **舌(した)**   혀
시따

◆ 피부

☑ **肌(はだ)**   **피부**
하다

> **tip** 다른 말로 皮膚(ひふ, 히후)라고도 한다.

☑ **肌荒(はだあ)れ**   **피부 트러블**
하다아레

> **tip** 荒(あ)れ(아레) 대신에 トラブル(trouble, 토라부루)를 쓰는
> 경우도 많다.

19

☑ **肌色**(はだいろ)
하다이로

피부색

4. 체격 · 몸매

◆ 체격

☑ **体格**(たいかく)
타이까꾸

체격

☑ **大柄**(おおがら)
오-가라

큰 체격

☑ **小柄**(こがら)
코가라

작은 체격

☑ **のっぽ**
놋뽀

키다리

☑ **ちび**
치비

꼬마

◆ 몸매

☑ **体**(からだ)**つき**
카라다쯔끼

몸매

tip 다른 말로 身(み)なり(미나리)라고도 한다.

☑ **デブ**
데부

뚱보

☑ **激痩(げきや)せ**
게끼야세

말라깽이

☑ **細長(ほそなが)い**
호소나가이

(다리가) 가늘고 길다

5. 신체적 특징

☑ **一重(ひとえ)**
히또에

외꺼풀

☑ **二重(ふたえ)**
후따에

쌍꺼풀

☑ **えくぼ**
에꾸보

보조개

☑ **はげ頭(あたま)**
하게아따마

대머리

☑ **髭(ひげ)**
히게

수염

☑ **しみ**
시미

기미

- **そばかす**
  소바까스
  주근깨

- **ほくろ**
  호꾸로
  점

- **にきび**
  니끼비
  여드름

- **吹(ふ)き出(で)物(もの)**
  후끼데모노
  뾰루지

- **しわ**
  시와
  주름
  tip 관련 어휘
  주름투성이 しわだらけ 시와다라께

- **あざ**
  아자
  멍

- **傷跡(きずあと)**
  키즈아또
  흉터

02 인체

1. 몸의 구성

☑ **骨(ほね)**　　　　　　　　　　　**뼈**
호네

☑ **肉(にく)**　　　　　　　　　　　**살**
니꾸

　　tip 사람과 동물 양쪽 모두 쓴다.

☑ **血液(けつえき)**　　　　　　　　**혈액**
케쯔에끼

　　tip 보통 '피'는 血(ち, 치)라고 한다.

☑ **血管(けっかん)**　　　　　　　　**혈관**
켁깡

　　tip 관련 어휘
　　　　동맥 動脈(どうみゃく) 도-먀꾸
　　　　정맥 静脈(じょうみゃく) 죠-먀꾸

☑ **血圧(けつあつ)**　　　　　　　　**혈압**
케쯔아쯔

☑ **脈拍(みゃくはく)**　　　　　　　**맥박**
먀꾸하꾸

23

☑ **呼吸(こきゅう)** 　　　　　호흡
코뀨-

　　tip 보통 '숨'은 息(いき, 이끼)라고 한다.

☑ **神経(しんけい)** 　　　　　신경
싱께-

☑ **細胞(さいぼう)** 　　　　　세포
사이보-

2. 내장기관

☑ **内臓(ないぞう)** 　　　　　내장
나이조-

☑ **臓器(ぞうき)** 　　　　　장기
조-끼

☑ **脳(のう)** 　　　　　뇌
노-

☑ **肝臓(かんぞう)** 　　　　　간
칸조-

　　tip 다른 말로 肝(きも, 키모)라고도 한다.

☑ **胃腸(いちょう)** 　　　　　위
이쬬-

　　tip 회화에서는 胃(い, 이)라고 줄여서 말한다.

☑ **肺臓(はいぞう)** 　　　　　폐
하이조-

　　tip 줄여서 肺(はい, 하이)라고도 한다.

☑ **心臓(しんぞう)** 　　　　　심장
신조-

☑ **腎臓(じんぞう)** 　　　　　신장
진조-

☑ **盲腸(もうちょう)** 　　　　　맹장
모-쪼-

☑ **十二指腸(じゅうにしちょう)** 　　십이지장
쥬-니시쪼-

☑ **小腸(しょうちょう)** 　　　　소장
쇼-쪼-

☑ **大腸(だいちょう)** 　　　　　대장
다이쪼-

3. 생리현상

☑ **唾(つば)** 　　　　　침
츠바

　　tip '군침'은 よだれ(요다레)라고 한다.

☑ 汗(あせ) 　　　　　　　　**땀**
아세
  tip 관련 표현
  　　땀을 흘리다 汗(あせ)をかく 아세오 카꾸

☑ 鼻水(はなみず) 　　　　　**콧물**
하나미즈

☑ 涙(なみだ) 　　　　　　　**눈물**
나미다
  tip 관련 표현
  　　눈물이 나다 涙(なみだ)が出(で)る 나미다가 데루
  　　눈물이 흐르다 涙(なみだ)が流(なが)れる 나미다가 나가레루
  　　눈물을 흘리다 涙(なみだ)を流(なが)す 나미다오 나가스
  　　눈물을 닦다 涙(なみだ)をふく 나미다오 후꾸

☑ のび 　　　　　　　　　　**기지개**
노비

☑ あくび 　　　　　　　　　**하품**
아꾸비

☑ ため息(いき) 　　　　　　**한숨**
타메이끼

☑ くしゃみ 　　　　　　　　**재채기**
쿠샤미
  tip 관련 표현
  　　재채기가 나다 くしゃみが出(で)る 쿠샤미가 데루

☑ **しゃっくり**
삭꾸리

딸꾹질

☑ **おなら**
오나라

방귀

   tip 관련 표현

     방귀를 뀌다 おならをする 오나라오 스루

4. 감각

☑ **感覚(かんかく)**
캉까꾸

감각

☑ **味覚(みかく)**
미까꾸

미각

   tip 관련 어휘

     맛보기 味(あじ)わい 아지와이

     미식가 グルメ 구루메

☑ **臭覚(しゅうかく)**
슈-까꾸

후각

   tip '냄새를 맡다'는 嗅(か)ぐ(카구)라고 한다. 이와 관련된 어휘는
   다음과 같다.

     냄새 匂(にお)い 니오이

     향기 香(かお)り 카오리

     악취 悪臭(あくしゅう) 악슈-

☑ **視覚(しかく)** 　　　　　　　시각

시까꾸

> **tip** '(눈으로) 보다'는 見(み)る(미루)라고 한다. 이와 관련된 어휘
> 는 다음과 같다.
> 시선　視線(しせん)　시셍
> 시점　視点(してん)　시뗑

☑ **聴覚(ちょうかく)** 　　　　　청각

쵸ー까꾸

> **tip** '(귀로) 듣다'는 聞(き)く(키꾸)라고 한다. 이와 관련된 어휘는 다
> 음과 같다.
> (사물) 소리　音(おと)　오또
> (사람) 목소리　声(こえ)　코에

☑ **触覚(しょっかく)** 　　　　　촉각

속까꾸

> **tip** '손대다, 만지다'는 触(さわ)る(사와루)라고 한다. 이와 관련된
> 어휘는 다음과 같다.
> 감촉　感触(かんしょく)　칸쇼꾸
> 접촉　接触(せっしょく)　셋쑈꾸

Japanese
Vocabulary

02 성격과 습관

1. 좋은 성격

☑ **明(あか)るい**　　　　　밝다
아까루이

☑ **優(やさ)しい**　　　　　상냥하다
야사시-

> **tip** '다정하다, 친절하다, 부드럽다'란 뜻도 있으며, 다른 말로 活発(かっぱつ)だ(갑빠쯔다)라고도 한다.

☑ **大人(おとな)しい**　　　얌전하다
오또나시-

> **tip** 원래는 '어른스럽다'란 뜻이다.

☑ **朗(ほが)らかだ**　　　　명랑하다
호가라까다

☑ **陽気(ようき)だ**　　　　활발하다
요-끼다

> **tip** '외향적이다'란 뜻도 있다.

☑ **善良(ぜんりょう)だ**　　착하다
젠료-다

> **tip** 한자 그대로 '선량하다'란 뜻이다.

☑ **前向(まえむ)きだ** 긍정적이다
마에무끼다

☑ **積極的(せっきょくてき)だ** 적극적이다
섹꾜꾸떼끼다

☑ **愛嬌(あいきょう)がある** 애교가 있다
아이꾜-가 아루

☑ **愛想(あいそ)がいい** 붙임성이 있다
아이소가 이-

　tip 　'있다'란 뜻의 ある(아루)는 쓰지 않는다.

2. 안 좋은 성격

☑ **そそっかしい** 덜렁대다
소속까시-

　tip 　조심성이 없는 성격을 말한다.

☑ **頑固(がんこ)だ** 완고하다
강꼬다

☑ **強情(ごうじょう)だ** 고집이 세다
고-죠-다

☑ **短気(たんき)だ** 성격이 급하다
탕끼다

- ☑ **いじける**
  이지께루
  삐지다

- ☑ **すねる**
  스네루
  토라지다

- ☑ **こねる**
  코네루
  떼를 쓰다

  tip 관련 표현
  떼를 쓰다 だだをこねる 다다오 코네루

- ☑ **けちつける**
  케찌쯔께루
  트집 잡다

- ☑ **ちくる**
  치꾸루
  고자질하다

- ☑ **消極的(しょうきょくてき)だ**
  쇼-꾜꾸떼끼다
  소극적이다

- ☑ **内気(うちき)だ**
  우찌끼다
  내성적이다

- ☑ **愛嬌(あいきょう)がない**
  아이꾜-가 나이
  애교가 없다

  tip '무뚝뚝하다'라고도 한다.

- ☑ **愛想(あいそ)が悪(わる)い**
  아이소가 와루이
  붙임성이 없다

  tip '없다'란 뜻의 ない(나이)는 쓰지 않는다.

32

습관

1. 버릇

☑ **癖**(くせ)   버릇
쿠세

> **tip** 관련 표현
>
> 버릇이 있다   癖(くせ)がある   쿠세가 아루
> 버릇을 없애다   癖(くせ)をなくす   쿠세오 나꾸스

☑ **習慣**(しゅうかん)   습관
슈-깡

> **tip** 관련 표현
>
> 습관이 되다   習慣(しゅうかん)になる   슈-깐니 나루
> 습관이 생기다   習慣(しゅうかん)ができる   슈-깡가 데끼루
> 습관을 들이다   習慣(しゅうかん)をつける   슈-깡오 츠께루

☑ **酒癖**(さけぐせ)   술버릇
사께구세

> **tip** 관련 표현
>
> 술버릇(주사)이 있다   酒癖(さけぐせ)がある   사께구세가 아루

☑ **口癖**(くちぐせ)   입버릇
쿠찌구세

> **tip** 관련 표현
>
> 입버릇이 되다   口癖(くちぐせ)になる   쿠찌구세니 나루

33

☑ **寝癖(ねぐせ)** 　　　　　　　　　　　　**잠버릇**
　네구세

　　tip 관련 표현
　　　잠버릇이 고약하다　寝癖(ねぐせ)が悪(わる)い
　　　　　　　　　　　　　네구세가 와루이
　　　잠버릇이 있다　寝癖(ねぐせ)がある　네구세가 아루
　　　이를 갈다　歯(は)ぎしりをする　하기시리오 스루
　　　코를 골다　いびきをかく　이비끼오 카꾸

2. 특징적 성향

☑ **頑張(がんば)り屋(や)** 　　　　　　　**노력가**
　감바리야

☑ **恥(は)ずかしがり屋(や)** 　　　　　**부끄럼쟁이**
　하즈까시가리야

☑ **飽(あ)きっぽい** 　　　　　　　　　**싫증쟁이**
　아낏뽀이

　　tip 싫증을 잘 내는 성격을 뜻하기도 한다.

☑ **怒(おこ)りっぽい** 　　　　　　　　**성질쟁이**
　오꼬릿뽀이

　　tip 화를 잘 내는 성격을 뜻하기도 한다.

☑ **寒(さむ)がり** 　　　　　　　　　　**추위를 타는 사람**
　사무가리

☑ **強(つょ)がり**   허풍쟁이
츠요가리

　tip 강한 척하는 사람을 말한다.

☑ **泣(な)き虫(むし)**   울보
나끼무시

☑ **弱虫(よわむし)**   겁쟁이
요와무시

　tip '못난이'란 뜻으로도 쓰인다.

☑ **腕白(わんぱく)**   개구쟁이
왐빠꾸

　tip '장난꾸러기'란 뜻으로도 쓰인다.

☑ **意地悪(いじわる)**   심술쟁이
이지와루

　　tip 관련 표현
　　심술 부리다 意地悪(いじわる)をする 이지와루오 스루

☑ **おしゃべり**   수다쟁이
오샤베리

　　tip 관련 표현
　　수다를 떨다 おしゃべりをする 오샤베리오 스루

☑ **意地(いじ)っ張(ぱ)り**   고집쟁이
이집빠리

　　tip 관련 표현
　　고집 부리다 意地(いじ)を張(は)る 이지오 하루

35

☑ **欲張(よくば)り** 　　　　　　　　　　욕심쟁이
　요꾸바리

☑ **きれい好(ず)き** 　　　　　　　　　깔끔쟁이
　키레-즈끼

☑ **焼餅(やきもち)焼(や)き** 　　　　　질투쟁이
　야끼모찌야끼

　　tip 관련 표현
　　　　질투하다　焼餅(やきもち)を焼(や)く　야끼모찌오 야꾸

Japanese
Vocabulary

 **가족의 형태**

1. 가족

☑ **家族(かぞく)**　　　　　　　　　가족
　카조꾸
　tip 남의 가족은 ご家族(かぞく, 고까조꾸)라고 한다.

☑ **大家族(だいかぞく)**　　　　　대가족
　다이까조꾸

☑ **核家族(かくかぞく)**　　　　　핵가족
　카꾸까조꾸

☑ **同居(どうきょ)**　　　　　　　동거
　도-꾜
　tip 가족과 함께 사는 것을 말한다.

☑ **同棲(どうせい)**　　　　　　혼전 동거
　도-세-
　tip 미혼의 남녀가 함께 사는 것을 말한다.

☑ **別居(べっきょ)**　　　　　　별거
　벡꾜
　tip '별거하다'는 別居(べっきょ)する(벡꾜스루)라고 한다.

☑ **独身(どくしん)**　　　　　　　　독신
독씽

> **tip** 다른 말로 '싱글' 즉, シングル(single, 싱구루)라고도 한다.

☑ **独(ひと)り暮(ぐ)らし**　　　　　독신생활
히또리구라시

2. 친척

☑ **親戚(しんせき)**　　　　　　　　친척
신세끼

> **tip** 다른 말로 親類(しんるい, 신루이)라고도 한다.

☑ **叔父・伯父(おじ)**　　　　　　삼촌, 고모부, 이모부
오지

> **tip** 남인 경우는 뒤에 さん(상)을 붙여서 おじさん(오지상)이라고
> 한다. 특히, 이 말은 자신보다 나이 많은 남자 즉, '아저씨'란 뜻
> 으로도 쓴다.

☑ **叔母・伯母(おば)**　　　　　　숙모, 고모, 이모
오바

> **tip** 남인 경우는 뒤에 さん(상)을 붙여서 おばさん(오바상)이라고
> 한다. 특히, 이 말은 자신보다 나이 많은 여자 즉, '아줌마'란
> 뜻으로도 쓴다.

☑ **いとこ**　　　　　　　　　　　사촌
이또꼬

☑ **おい**
오이
조카

☑ **めい**
메이
조카딸

3. 시댁과 친정

☑ **嫁家(よめや)**
요메야
시댁

☑ **実家(じっか)**
직까
친정

> **tip** 원래는 '고향집'을 말한다.

☑ **しゅうと**
슈-또
시아버지

> **tip** 남의 시아버지는 しゅうとさん(슈-또상)이라고 한다.

☑ **しゅうとめ**
슈-또메
시어머니

> **tip** 남의 시어머니는 しゅうとめさん(슈-또메상)이라고 한다.

☑ **嫁(よめ)**
요메
며느리

> **tip** 남의 며느리는 嫁(よめ)さん(요메상)이라고 한다. 참고로, '며느리를 얻다'는 嫁(よめ)を迎(むか)える(요메오 무까에루)라고 한다.

☑ **婿(むこ)**　　　　　　　　　　　　사위

무꼬

> **tip** 남의 사위는 婿(むこ)さん(무꼬상)이라고 한다. 참고로, '사위를 얻다'는 婿(むこ)をもらう(무꼬오 모라우)라고 한다.

☑ **義理(ぎり)の兄(あに)**　　　　처형, 동서, 매형

기리노 아니

☑ **義理(ぎり)の姉(あね)**　　　　형수, 올케, 시누이

기리노 아네

 **가족의 호칭**

1. 조부모

♦ 할아버지

☑ **祖父(そふ)**   나의 할아버지
　 소후

　 tip 남 앞에서 나의 할아버지를 가리켜서 말할 때 쓰는 표현이다.

☑ **おじいさん**   남의 할아버지
　 오지-상

　 tip 원래는 남의 할아버지를 가리키는 말이지만, 나의 할아버지를
　 부를 때도 쓴다. 친근하게 おじいちゃん(오지-짱)이라고도 한다.

☑ **父方(ちちかた)の祖父(そふ)**   친할아버지
　 치찌까따노 소후

☑ **母方(ははかた)の祖父(そふ)**   외할아버지
　 하하까따노 소후

♦ 할머니

☑ **祖母(そぼ)**   나의 할머니
　 소보

　 tip 남 앞에서 나의 할머니를 가리켜서 말할 때 쓰는 표현이다.

☑ **おばあさん**　　　　　　남의 할머니
오바-상

　tip　원래는 남의 할머니를 가리키는 말이지만, 자기 할머니를 부를
　　　 때도 쓴다. 친근하게 おばあちゃん(오바-짱)이라고도 한다.

☑ **父方(ちちかた)の祖母(そぼ)**　　친할머니
치찌까따노 소보

☑ **母方(ははかた)の祖母(そぼ)**　　외할머니
하하까따노 소보

2. 부모

◆ 부모

☑ **親(おや)**　　　　　　　부모
오야

　tip　주로 회화에서 많이 쓰는 말로, 자기 부모를 친근하게 부르거
　　　 나 남 앞에서 겸손하게 낮춰 말하는 경우에도 쓴다.

☑ **両親(りょうしん)**　　　　나의 부모님
료-싱

　tip　내 부모를 정중하게 말할 때 쓴다.

☑ **ご両親(りょうしん)**　　　남의 부모님
고료-싱

　tip　항상 앞에 ご(고)를 붙여서 말한다.

✦ 아버지

☑ **父(ちち)**   나의 아버지
치찌

    tip 남 앞에서 나의 아버지를 가리켜서 말할 때 쓰는 표현이다.

☑ **お父(とう)さん**   남의 아버지
오또–상

    tip 보통 '아버님'이라고 한다.

☑ **父親(ちちおや)**   부친
치찌오야

☑ **パパ(papa)**   파파
파빠

    tip 어린 아이들이 '아빠'란 뜻으로 쓰는 영어식 표현이다.

✦ 어머니

☑ **母(はは)**   나의 어머니
하하

    tip 남 앞에서 나의 어머니를 가리켜서 말할 때 쓰는 표현이다.

☑ **お母(かあ)さん**   남의 어머니
오까–상

    tip 보통 '어머님'이라고 한다.

☑ **母親(ははおや)**   모친
하하오야

☑ **ママ**(mama)　　　　　　　　　마마
마마

　tip 어린아이들이 '엄마'란 뜻으로 쓰는 영어식 표현이다.

3. 부부

◆ 부부

☑ **夫婦**(ふうふ)　　　　　　　부부
후-후

　tip 다른 말로 めおと(메오또)라고도 한다.

☑ **ご夫婦**(ふうふ)　　　　　　남의 부부
고후-후

　tip 항상 앞에 ご(고)를 붙여서 말한다.

◆ 남편

☑ **夫**(おっと)　　　　　　　　나의 남편
옷또

　tip 나의 남편을 가리키는 말
　　　主人(しゅじん)　슈징
　　　旦那(だんな)　단나

☑ **ご主人**(しゅじん)　　　　　남의 남편
고슈징

45

✦ 아내

☑ **妻(つま)**   나의 아내
츠마
> tip 나의 아내를 가리키는 말
> 집사람 家内(かない) 카나이

☑ **奥(おく)さん**   남의 아내
옥쌍
> tip 남의 아내를 높여 부르는 말
> 부인 奥様(おくさま) 옥싸마

4. 아이 · 자식

☑ **子供(こども)**   나의 아이, 자식
코도모
> tip 원래는 '어린애, 아이'란 뜻이다.

☑ **お子(こ)さん**   남의 아이, 자식
오꼬상
> tip 남의 아이·자식을 높여 부르는 말
> 자녀분 お子様(こさま) 오꼬사마

✦ 아들

☑ **息子(むすこ)**　　　　　　　아들
무스꼬

☑ **男(おとこ)の子(こ)**　　　　남자아이
오또꼬노꼬

　　tip 나이가 어린 아들을 가리키는 말이다.

[남의 아들]

☑ **息子(むすこ)さん**　　　　　아드님
무스꼬상

☑ **お坊(ぼ)っちゃん**　　　　　도련님
오봇쨩

　　tip 남의 아들을 높여서 부르는 표현으로, 부유하고 좋은 집안에
　　서 반듯하게 자란 남자를 가리키기도 한다.

✦ 딸

☑ **娘(むすめ)**　　　　　　　　딸
무스메

☑ **女(おんな)の子(こ)**　　　　여자아이
온나노꼬

　　tip 나이가 어린 딸을 가리키는 말이다.

47

[남의 딸]

☑ **娘(むすめ)さん**　　　　　　　**따님**
무스메상

☑ **お嬢(じょう)さん**　　　　　　**아가씨**
오죠-상

> **tip** 남의 딸을 높여서 부르는 표현으로, 부유하고 좋은 집안에서
> 반듯하게 자란 여자를 가리키기도 한다.

♦ 손자 · 손녀

☑ **孫(まご)**　　　　　　　　　　**나의 손자**
마고

> **tip** 관련 어휘
> 남의 손자　孫(まご)さん　마고상

☑ **孫娘(まごむすめ)**　　　　　**나의 손녀**
마고무스메

> **tip** 관련 어휘
> 남의 손녀　孫娘(まごむすめ)さん　마고무스메상

48

5. 형제 · 자매

♦ 형제

☑ **兄弟(きょうだい)**   나의 형제
쿄-다이

☑ **ご兄弟(ごきょうだい)**   남의 형제
고꾜-다이

> **tip** 보통 '형제 분'이라고 말한다.

[나의 형제]

☑ **兄(あに)**   형, 오빠
아니

> **tip** 남 앞에서 자기 형, 오빠를 가리켜서 말할 때 쓰는 말이다.

☑ **弟(おとうと)**   남동생
오또-또

[남의 형제]

☑ **お兄(にい)さん**   형님, 오빠 분
오니-상

> **tip** 자기 형, 오빠를 부를 때도 쓴다. 더 친근하게 부를 때는 お兄
> (にい)ちゃん(오니-짱)이라고 한다.

☑ **弟(おとうと)さん**   남동생 분
오또-또상

✦ 자매

☑ **姉妹**(しまい)
   시마이
   〔나의 자매〕

☑ **ご姉妹**(しまい)
   고시마이
   〔남의 자매〕

   tip 보통 '자매 분'이라고 말한다.

[나의 자매]

☑ **姉**(あね)
   아네
   〔누나, 언니〕

   tip 남 앞에서 자기 누나, 언니를 가리켜서 말할 때 쓰는 말이다.

☑ **妹**(いもうと)
   이모-또
   〔여동생〕

[남의 자매]

☑ **お姉**(ねえ)**さん**
   오네-상
   〔누님, 언니 분〕

   tip 자기 누나, 언니를 부를 때도 쓴다. 더 친근하게 부를 때는 お姉(ねえ)ちゃん(오네-짱)이라고 한다.

☑ **妹**(いもうと)**さん**
   이모-또상
   〔여동생 분〕

◆ 기타 표현

☑ **赤(あか)ちゃん**　　　　　　　**갓난아기**
아까쨩

> **tip** 다른 말로 赤(あか)ん坊(ぼう, 아깜보-)라고도 한다.

☑ **一人(ひとり)っ子(こ)**　　　　　**외동아이**
히또릭꼬

> **tip** 관련 어휘
> 외아들 一人息子(ひとりむすこ) 히또리무스꼬
> 외동딸 一人娘(ひとりむすめ) 히또리무스메

☑ **双子(ふたご)**　　　　　　　　**쌍둥이**
후따고

> **tip** 관련 어휘
> 일란성 一卵性(いちらんせい) 이찌란세-
> 이란성 二卵性(にらんせい) 니란세-

◆ 출생 순서에 따른 호칭

☑ **長男(ちょうなん)**　　　　　　**장남, 큰 아들**
쵸-낭

> **tip** 남의 장남은 앞에 ご(고)를 붙여서 말한다.

☑ **次男(じなん)**　　　　　　　　**차남, 둘째 아들**
지낭

> **tip** 남의 차남은 앞에 ご(고)를 붙여서 말한다.

51

☑ **長女(ちょうじょ)**　　　　　　　　**장녀, 큰 딸**
쵸-죠

　　tip 남의 장녀는 앞에 ご(고)를 붙여서 말한다.

☑ **次女(じじょ)**　　　　　　　　　**차녀, 둘째 딸**
지죠

　　tip 남의 차녀는 앞에 ご(고)를 붙여서 말한다.

☑ **末(すえ)っ子(こ)**　　　　　　　　**막내**
스엑꼬

　　tip 남의 막내는 뒤에 さん(상)을 붙여서 말한다.

Japanese
Vocabulary

04 의생활

01 옷

1. 옷의 종류

- ☑ **服(ふく)**
  후꾸

  옷

- ☑ **和服(わふく)**
  와후꾸

  일본식 옷

- ☑ **洋服(ようふく)**
  요-후꾸

  서양식 옷

  tip 남자가 입는 양복 정장을 말하는 것이 아니므로, 단어 그대로 해석하지 않도록 주의한다.

- ☑ **既製服(きせいふく)**
  키세-후꾸

  기성복

- ☑ **オーダーメイド(order made)**
  오-다-메-도

  맞춤옷

- ☑ **ハンドメイド(hand made)**
  한도메-도

  수제 옷

  tip 기계가 아닌 사람의 손으로 만든 옷을 말한다.

- ☑ **カジュアル(casual)**
  카쥬아루

  캐주얼

☑ **フォーマル(formal)**　　　　　정장
휘-마루

☑ **スーツ(suit)**　　　　　　　양복
스-쯔

> **tip** 다른 말로 背広(せびろ, 세비로)라고도 한다.

☑ **普段着(ふだんぎ)**　　　　　평상복
후당기

> **tip** ふだんふく(후당후꾸)라고 발음하지 않도록 주의한다.

☑ **婦人服(ふじんふく)**　　　　부인복
후징후꾸

> **tip** 우리말로는 '여성복'에 해당한다.

☑ **紳士服(しんしふく)**　　　　신사복
신시후꾸

☑ **子供服(こどもふく)**　　　　유아복
코도모후꾸

✦ 특별한 옷

☑ **スポーツウェア(sports wear)**　운동복
스뽀-쯔웨아

☑ **妊婦服(にんぷふく)**　　　　임부복
님뿌후꾸

> **tip** 일본에서는 임산부를 '임부' 즉, 妊婦(にんぷ, 님뿌)라고 한다.

☑ **制服**(せいふく)　　　　　　**제복, 유니폼**
　세-후꾸

> **tip** 다른 말로 ユニフォーム(uniform, 유니훠-무)라고도 하는데,
> 보통 학생들이 입는 '교복'을 뜻하는 경우가 많다.

☑ **水着**(みずぎ)　　　　　　　**수영복**
　미즈기

☑ **パジャマ**(pajamas)　　　　**잠옷**
　파쟈마

☑ **下着**(したぎ)　　　　　　　**속옷**
　시따기

> **tip** 바지, 치마 등의 '하의'가 아니므로 주의한다.

☑ **古着**(ふるぎ)　　　　　　　**헌 옷**
　후루기

☑ **レインコート**(raincoat)　　**비옷**
　레잉코-또

2. 상의

☑ **上着**(うわぎ)　　　　　　　**상의, 윗옷**
　우와기

☑ **シャツ**(shirts)　　　　　　**셔츠**
　샤쯔

☑ **ティーシャツ**(T shirts)　　　**티셔츠**
티-샤쯔

 tip 우리말과는 다르게 '티-'라고 길게 발음한다.

☑ **ワイシャツ**(Y shirts)　　　**와이셔츠**
와이샤쯔

☑ **ブラウス**(blouse)　　　**블라우스**
부라우스

☑ **セーター**(sweater)　　　**스웨터**
세-따-

 tip 두 군데 들어가는 장음에 주의하세요.

☑ **ジャケット**(jaket)　　　**재킷**
쟈껫또

☑ **ジャンパ**(jumper)　　　**점퍼**
쟘빠

☑ **コート**(coat)　　　**코트**
코-또

 tip 관련 어휘
　　　반코트 ハーフコート(half coat) 하-후코-또
　　　롱코트 ロングコート(long coat) 롱구코-또

3. 하의

✦ 바지

☑ **ズボン**   **바지**
즈봉

> **tip** 다른 말로 パンツ(pants, 판쯔)라고도 한다.

☑ **半(はん)ズボン**   **반바지**
한즈봉

☑ **綿(めん)パンツ**   **면바지**
멩빤쯔

☑ **ジーパン**   **청바지**
지-빵

> **tip** ジーンズパンツ(jeans pants, 지인즈빤쯔)의 줄임말로, ジーンズ(지인즈)란 단어도 많이 쓰인다.

✦ 치마

☑ **スカート**(skirt)   **치마, 스커트**
스까-또

☑ **ミニスカート**(miniskirt)   **미니스커트**
미니스까-또

☑ **ロングスカート**(longskirt)   **롱스커트**
롱구스까-또

 패션

1. 색상

☑ 色(いろ)
이로

색, 색깔

☑ カラー(color)
카라-

칼라

◆ 무채색

☑ 白(しろ)
시로

하양, 흰색

> **tip** 다른 말로 ホワイト(white, 호와이또)라고도 한다.

☑ 黒(くろ)
쿠로

검정(색)

> **tip** 다른 말로 ブラック(black, 부락꾸)라고도 한다.

◆ 따뜻한 색

☑ 赤(あか)
아까

빨강, 빨간색

> **tip** 다른 말로 レッド(red, 렛도)라고도 한다.

☑ **黄色(きいろ)**   노랑, 노란색
　　키-로

　　tip 다른 말로 イエロー(yellow, 이에로-)라고도 한다.

☑ **桃色(ももいろ)**   분홍(색)
　　모모이로

　　tip 다른 말로 ピンク(pink, 핑꾸)라고도 한다.

☑ **緑色(みどりいろ)**   녹색, 초록색
　　미도리이로

　　tip 다른 말로 グリーン(green, 구리잉)이라고도 한다.

✦ 차가운 색

☑ **青(あお)**   파랑, 파란색
　　아오

　　tip 다른 말로 ブルー(blue, 부루-)라고도 한다.

☑ **茶色(ちゃいろ)**   갈색
　　챠이로

　　tip 다른 말로 ブラウン(brown, 부라웅)이라고도 한다.

☑ **灰色(はいいろ)**   회색
　　하이이로

　　tip 다른 말로 グレー(gray, 구레-)라고도 한다.

☑ **紫色(むらさきいろ)**   보라(색)
　　무라사끼이로

　　tip 다른 말로 パープル(purple, 파-뿌루)라고도 한다.

☑ **空色**(そらいろ)　　　　　하늘색
소라이로

☑ **ねずみ色**(いろ)　　　　　쥐색
네즈미이로

2. 소재

☑ **素材**(そざい)　　　　　소재
소자이

☑ **生地**(きじ)　　　　　천, 옷감
키지

  tip 다른 말로 布(ぬの, 누노)라고도 한다.

☑ **裏地**(うらじ)　　　　　안감
우라지

☑ **繊維**(せんい)　　　　　섬유
셍이

  tip 관련 어휘
　　천연섬유　天然繊維(てんねんせんい)　텐넨셍이
　　합성섬유　合成繊維(ごうせいせんい)　고-세-셍이
　　인조섬유　人造繊維(じんぞうせんい)　진조-셍이

☑ **麻**(あさ)　　　　　마, 삼베
아사

☑ **コットン**(cotton)　　　　　면, 코튼
　　콧똥
　　tip 한자로는 綿(めん, 멩)이라고 한다.

☑ **シルク**(silk)　　　　　견, 실크
　　시루꾸
　　tip 한자로는 絹(きぬ, 키누)라고 한다.

☑ **ウール**(wool)　　　　　모, 울
　　우-루

☑ **ダウン**(down)　　　　　오리털
　　다웅

☑ **皮**(かわ)　　　　　가죽
　　카와

☑ **毛皮**(けがわ)　　　　　모피
　　케가와

☑ **レザー**(leather)　　　　　인조가죽
　　레자-

☑ **ナイロン**(nylon)　　　　　나일론
　　나이롱

☑ **ポリエステル**(polyester)　　　　　폴리에스테르
　　포리에스떼루

3. 사이즈

☑ **サイズ**(size)   사이즈, 치수
  사이즈

  tip 관련 표현
    사이즈가 맞다 サイズが合(あ)う 사이즈가 아우
    사이즈가 다르다 サイズが違(ちが)う 사이즈가 치가우
    사이즈를 재다 サイズをはかる 사이즈오 하까루

☑ **大**(おお)**きさ**   크기
  오-끼사

☑ **長**(なが)**さ**   길이
  나가사

☑ **広**(ひろ)**さ**   넓이
  히로사

☑ **厚**(あつ)**さ**   두께
  아쯔사

☑ **幅**(はば)   폭
  하바

✦ 사이즈 표현

☑ **大**(おお)**きい**   크다
  오-끼-

  tip 회화에서는 でかい(데까이)라고도 한다.

☑ **小(ちい)さい** 작다
치-사이

> **tip** 회화에서는 ちっちゃい(칫쨔이)라고도 한다.

☑ **長(なが)い** 길다
나가이

☑ **短(みじか)い** 짧다
미지까이

☑ **広(ひろ)い** 넓다
히로이

☑ **狭(せま)い** 좁다
세마이

☑ **厚(あつ)い** 두껍다
아쯔이

☑ **薄(うす)い** 얇다
우스이

4. 액세서리

☑ **アクセサリー(accessary)** 액세서리
악쎄사리-

> **tip** 맨 뒤에 장음이 있으므로, 발음할 때 주의한다.

☑ **指輪**(ゆびわ)　　　　　　　　　반지
유비와

　　tip 다른 말로 リング(ring, 링구)라고도 한다.

☑ **ブレスレット**(bracelet)　　　팔찌
부레스렛또

☑ **ネックレス**(neckless)　　　　목걸이
넥꾸레스

☑ **ピアス**　　　　　　　　　　귀걸이 (뚫은)
피아스

　　tip 뚫은 귀에 거는 귀걸이를 말한다.

☑ **イヤリング**(earing)　　　　귀걸이 (안 뚫은)
이야링구

　　tip 뚫지 않는 귀에 붙이는 귀걸이를 말한다.

☑ **サングラス**(sun glasses)　　선글라스
상구라스

☑ **腕時計**(うでどけい)　　　　손목시계
우데도께-

☑ **ブローチ**(broach)　　　　　브로치
부로-찌

☑ **タイピン**(tie pin)　　　　　넥타이 핀
타이삥

5. 잡화 · 소품

☑ **雑貨**(ざっか)　　　　　　　잡화
　　작까

☑ **小物**(こもの)　　　　　　　소품
　　코모노

✦ 신발

☑ **履物**(はきもの)　　　　　　신발
　　하끼모노

　　tip 다른 말로 シューズ(shoes, 슈-즈)라고도 한다.

☑ **靴**(くつ)　　　　　　　　　구두
　　쿠쯔

☑ **ブーツ**(boots)　　　　　　　부츠
　　부-쯔

☑ **スニーカー**(sneakers)　　　　운동화
　　스니-까-

　　tip 조깅화와 같은 가벼운 운동화를 말한다.

☑ **スリッパ**(slipper)　　　　　슬리퍼
　　스립빠

☑ **サンダル**(sandal)　　　　　샌들
　　산다루

◆ 가방

☑ かばん　　　　　　　　　가방
카방

tip 관련 표현

가방을 들다　かばんを持(も)つ　카방오 모쯔
가방을 매다　かばんをしょう　카방오 쇼우
가방을 내리다　かばんを下(お)ろす　카방오 오로스
가방을 내려놓다　かばんを置(お)く　카방오 오꾸

☑ ハンドバッグ(handbag)　　핸드백
한도박구

☑ リュックサック(rucksack)　　배낭
륙싹꾸

tip 회화에서는 リュック(륙꾸)라고 말한다.

◆ 소품

☑ マフラー(muffler)　　　목도리
마후라ー

tip 뒤의 장음에 주의한다.

☑ スカーフ(scarf)　　　스카프
스까ー후

tip 우리말과 다르므로 발음에 주의한다.

☑ ベルト(belt)　　　벨트
베루또

☑ **帽子**(ぼうし)　　　　　　　　　　모자
보-시

  tip 관련 표현
    모자를 쓰다　帽子(ぼうし)をかぶる　보-시오 카부루
    모자를 벗다　帽子(ぼうし)を外(はず)す　보-시오 하즈스

☑ **手袋**(てぶくろ)　　　　　　　　　장갑
테부꾸로

  tip 관련 표현
    장갑을 끼다　手袋(てぶくろ)をはめる　테부꾸로오 하메루
    장갑을 벗다　手袋(てぶくろ)を外(はず)す　테부꾸로오 하즈스

☑ **ネクタイ**(necktie)　　　　　　　　넥타이
네꾸따이

  tip 관련 표현
    넥타이를 매다　ネクタイをしめる　네꾸따이오 시메루
    넥타이를 풀다　ネクタイを外(はず)す　네꾸따이오 하즈스

☑ **ハンカチ**(handkerchief)　　　　　손수건
항까찌

  tip 다른 말로 手拭(てぬぐ)い(테누구이)도 있지만, 요즘은 거의
    쓰지 않는 말이다.

☑ **靴下**(くつした)　　　　　　　　　양말
쿠쯔시따

  tip 다른 말로 ソックス(socks, 속쓰)라고도 한다.

☑ **ストッキング**(stocking)　　　　　스타킹
스톡낑구

68

> **tip** 관련 표현
>
> 스타킹을 신다　ストッキングをはく　스톡낑구오 하꾸
> 스타킹을 벗다　ストッキングを脱(ぬ)ぐ　스톡낑구오 누구

☑ **眼鏡(めがね)**　　　　　　　　　**안경**
메가네

> **tip** 관련 표현
>
> 안경을 쓰다　眼鏡(めがね)をかける　메가네오 카께루
> 안경을 벗다　眼鏡(めがね)を外(はず)す　메가네오 하즈스

☑ **コンタクトレンズ(contact lens)**　**콘택트렌즈**
콘따꾸또렌즈

> **tip** 회화에서는 コンタクト(콘따꾸또)라고 줄여서 말한다.

69

1. 빨래하기

☐ **洗濯(せんたく)** 　　　　　　　　빨래, 세탁
센따꾸
tip '빨래하다'는 洗濯(せんたく)する(센따꾸스루)라고 한다.

☐ **手濯(てあら)い** 　　　　　　　　손빨래
테아라이
tip 관련 표현
손빨래하다　手濯(てあら)いをする　테아라이오 스루

☐ **洗濯物(せんたくもの)** 　　　　　빨랫감, 빨래
센따꾸모노

◆ 빨래 순서

☐ **洗濯物(せんたくもの)を入(い)れる** 　빨래를 넣다
센따꾸모노오 이레루

☐ **洗濯機(せんたくき)を回(まわ)す** 　세탁기를 돌리다
센따꾸끼오 마와스
tip 관련 어휘
건조기　乾燥機(かんそうき)　칸소-끼
소형세탁기　小型洗濯機(こがたせんたくき)　코가따센따꾸끼

중형세탁기　中型洗濯機(ちゅうがたせんたくき)
　　　　　　츄-가따센따꾸끼

대형세탁기　大型洗濯機(おおがたせんたくき)
　　　　　　오-가따센따꾸끼

드럼세탁기　ドラム洗濯機(せんたくき)　도라센따꾸끼

☑ **洗濯物(せんたくもの)を乾(ほ)す**　　빨래를 널다

센따꾸모노오 호스

　tip　乾(ほ)す(호스)는 원래 '말리다'란 뜻이다.

☑ **洗濯物(せんたくもの)をとる**　　빨래를 걷다

센따꾸모노오 토루

☑ **洗濯物(せんたくもの)を畳(たた)む**　　빨래를 개다

센따꾸모노오 타따무

　tip　畳(たた)む(타따무)는 '접다, 개다'란 뜻이다.

2. 세탁용품

☑ **洗濯用品(せんたくようひん)**　　세탁용품

센따꾸요-힝

☑ **洗濯洗剤(せんたくせんざい)**　　세탁세제

센따꾸센자이

　tip　관련 어휘
　　　　분말　粉末(ふんまつ)　훙마쯔
　　　　액상　液状(えきじょう)　에끼죠-

71

☑ **漂白剤**(ひょうはくざい)　　　표백제
효-하꾸자이

☑ **柔軟剤**(じゅうなんざい)　　　유연제
쥬-난자이

◆ 빨래도구

☑ **洗濯**(せんたく)**だらい**　　　빨래대야
센따꾸다라이

☑ **洗濯板**(せんたくいた)　　　빨래판
센따꾸이따

☑ **洗濯**(せんたく)**ハンガー**(hanger)　빨래대
센따꾸항가-

☑ **洗濯**(せんたく)**挟**(ばさ)**み**　　　빨래집게
센따꾸바사미

☑ **洗濯網**(せんたくもう)　　　세탁망
센따꾸모-

Japanese
Vocabulary

05 식생활

먹거리

1. 곡물

☑ **穀物(こくもつ)** 　　　　　　　　　곡물
코꾸모쯔
> **tip** こくぶつ(코꾸부쯔)라고 잘못 읽지 않도록 주의한다.

☑ **米(こめ)** 　　　　　　　　　　　　쌀
코메
> **tip** 보통 앞에 お(오)를 붙여서 お米(こめ, 오꼬메)라고 한다.

☑ **餅米(もちごめ)** 　　　　　　　　찹쌀
모찌고메
> **tip** 여기서 餅(もち, 모찌)는 '떡'을 말한다.

☑ **玄米(げんまい)** 　　　　　　　　현미
겜마이

☑ **麦(むぎ)** 　　　　　　　　　　　보리
무기

☑ **小麦(こむぎ)** 　　　　　　　　　밀
코무기
> **tip** '밀가루'는 小麦粉(こむぎこ, 코무기꼬)라고 한다.

☑ **大豆(だいず)**　　　　　　　　콩
　다이즈
　　 tip 콩 종류를 가리키는 통칭은 豆(まめ, 마메)라고 한다.

☑ **小豆(あずき)**　　　　　　　　팥
　아즈끼

☑ **きび**　　　　　　　　　　수수, 기장
　키비

☑ **あわ**　　　　　　　　　　조
　아와

2. 육류

☑ **肉(にく)**　　　　　　　　　고기
　니꾸
　　 tip 보통 앞에 お(오)를 붙여서 お肉(にく, 오니꾸)라고 한다.

☑ **牛肉(ぎゅうにく)**　　　　　소고기
　규ー니꾸
　　 tip 다른 말로 ビーフ(beef, 비ー후)라고도 한다.

☑ **豚肉(ぶたにく)**　　　　　돼지고기
　부따니꾸
　　 tip 다른 말로 ポーク(pork, 포ー꾸)라고도 한다.

☑ **鶏肉(とりにく)**   닭고기
토리니꾸

   tip 다른 말로 チキン(chicken, 치낑)이라고도 한다.

✦ 부위별 명칭

☑ **ロース(roast)**   안심
로-스

   tip 로-스트(로-스또)의 줄임말로, 살코기 부분을 가리킨다.

☑ **ヒレ(filet)**   등심
히레

   tip ヒレ肉(にく, 히레니꾸)의 줄임말이다.

☑ **脂身(あぶらみ)**   비계
아부라미

✦ 육류가공품

☑ **ハム(ham)**   햄
하무

☑ **ソーセージ(sausage)**   소시지
소-세-지

   tip 발음할 때 2개의 장음에 주의한다.

☑ **ベーコン(bacon)**   베이컨
베-꽁

3. 생선

☑ **魚(さかな)**   생선
사까나

> **tip** 관련 어휘
> 생물 生物(なまもの) 나마모노
> 냉동 冷凍(れいとう) 레-또-

☑ **さば**   고등어
사바

☑ **さけ**   연어
사께

> **tip** 다른 말로 しゃけ(샤께)라고도 한다.

☑ **あなご**   장어
아나고

☑ **うなぎ**   붕장어
우나기

☑ **ひらめ**   광어
히라메

☑ **ふじ**   복어
후지

☑ **さわら**   삼치
사와라

- ☑ **たちうお**
  타찌우오
  　　　　　　　　갈치

- ☑ **さんま**
  삼마
  　　　　　　　　꽁치

- ☑ **まぐろ**
  마구로
  　　　　　　　　참치
  tip 다른 말로 ツナ(tuna, 츠나)라고도 한다.

- ☑ **いか**
  이까
  　　　　　　　　오징어
  tip 관련 어휘
  　　　말린 오징어　するめ　스루메

- ☑ **たこ**
  타꼬
  　　　　　　　　문어

- ☑ **かに**
  카니
  　　　　　　　　게

- ☑ **貝(かい)**
  카이
  　　　　　　　　조개
  tip 관련 어휘
  　　　모시조개　あさり　아사리
  　　　대합　はまぐり　하마구리

- ☑ **えび**
  에비
  　　　　　　　　새우

4. 야채

☑ **野菜(やさい)** 　　　　　　　　야채
　야사이

　　tip 다른 말로 青物(あおもの, 아오모노)라고도 한다.

☑ **大根(だいこん)** 　　　　　　　무
　다이꽁

☑ **白菜(はくさい)** 　　　　　　　배추
　학싸이

　　tip 관련 어휘
　　　양배추 キャベツ(cabbage) 캬베쯔

☑ **ほうれん草(そう)** 　　　　　시금치
　호-렌소-

☑ **にら** 　　　　　　　　　　　부추
　니라

☑ **レタス(lettuce)** 　　　　　양상추
　레따스

　　tip '상추'는 ちしゃ(치샤)라고 한다.

☑ **せり** 　　　　　　　　　　　미나리
　세리

☑ **にんじん** 　　　　　　　　당근
　닌징

☑ **もやし**
　모야시
　　tip 줄기가 두껍고 짧아서 숙주나물과 비슷하다.

　　　　　　　　　　　　　　　콩나물

☑ **きゅうり**
　큐-리

　　　　　　　　　　　　　　　오이

☑ **なす**
　나스

　　　　　　　　　　　　　　　가지

☑ **かぼちゃ**
　카보쨔
　　tip 여기서의 호박은 '늙은 호박'이다. 일본에는 애호박이 없다.

　　　　　　　　　　　　　　　호박

☑ **ねぎ**
　네기

　　　　　　　　　　　　　　　파

☑ **玉(たま)ねぎ**
　타마네기

　　　　　　　　　　　　　　　양파

☑ **にんにく**
　닌니꾸

　　　　　　　　　　　　　　　마늘

☑ **しょうが**
　쇼-가

　　　　　　　　　　　　　　　생강

☑ **唐辛子(とうがらし)**
　토-가라시

　　　　　　　　　　　　　　　고추

☑ **じゃが芋(いも)**
　쟈가이모

　　　　　　　　　　　　　　　감자

☑ **さつま芋(いも)**   고구마
  사쯔마이모

  tip 회화에서는 줄여서 さつま(사쯔마)라고만 한다.

5. 과일

☑ **果物(くだもの)**   과일
  쿠다모노

  tip 다른 말로 フルーツ(fruits, 후루-쯔)라고도 한다.

☑ **りんご**   사과
  링고

  tip 다른 말로 アップル(apple, 압뿌루) 라고도 한다.

☑ **梨(なし)**   배
  나시

☑ **みかん**   귤
  미깡

☑ **桃(もも)**   복숭아
  모모

  tip 다른 말로 ピーチ(peach, 피-찌)라고도 한다.

☑ **ぶどう**   포도
  부도-

  tip 다른 말로 グレープ(grape, 구레-뿌)라고도 한다.

- **すいか**
  스이까

  수박

- **すもも**
  스모모

  자두

- **いちご**
  이찌고

  딸기

  tip 다른 말로 ストロベリー(strawberry, 스또로베리-)라고 한다.

- **あんず**
  안즈

  살구

- **オレンジ**(orange)
  오렌지

  오렌지

- **バナナ**(banana)
  바나나

  바나나

- **キウィ**(kiwi)
  키위

  키위

- **メロン**(melon)
  메롱

  멜론

- **グレープフルーツ**(grapefruits)
  구레-뿌후루-쯔

  자몽

6. 간식

☑ **おやつ** 간식
오야쯔

☑ **お菓子(かし)** 과자
오까시

tip 과자의 종류
서양식 과자 洋菓子(ようがし) 요-가시
일본식 과자 和菓子(わがし) 와가시

☑ **キャラメル(caramel)** 캐러멜
캬라메루

☑ **ガム(gum)** 껌
가무

☑ **キャンディー(candy)** 사탕
캰디-

tip 다른 말로 飴玉(あめだま, 아메다마)라고도 한다.

☑ **チョコレート(chocolate)** 초콜릿
쵸꼬레-또

tip 보통 줄여서 チョコ(쵸꼬)라고 한다.

☑ **アイスクリーム(ice cream)** 아이스크림
아이스꾸리-무

☑ **かき氷(ごおり)** 빙수
카끼고-리

02 요리

1. 요리의 종류

☑ **料理(りょうり)** 요리
료-리

  tip 앞에 お(오)를 붙여서 お料理(りょうり, 오료-리)라고도 한다.

☑ **洋食(ようしょく)** 양식
요-쇼꾸

☑ **和食(わしょく)** 일식
와쇼꾸

  tip 일본음식을 가리키는 다른 표현으로, 여기서 和(화)는 '일본을 나타내는 말이다.

◆ 나라별 요리

☑ **日本料理(にほんりょうり)** 일본 요리
니혼료-리

☑ **韓国料理(かんこくりょうり)** 한국 요리
캉꼬꾸료-리

☑ **フランス料理(りょうり)** 프랑스 요리
후란스료-리

☑ **中華料理(ちゅうかりょうり)** 중화 요리
  츄-까료-리

> tip '중국요리'라고 하지 않으므로 주의한다.

☑ **イタリア料理(りょうり)** 이탈리아 요리
  이따리아료-리

✦ 상황별 요리

☑ **単品料理(たんぴんりょうり)** 단품 요리
  탐삥료-리

☑ **コース料理(りょうり)** 코스 요리
  코-스료-리

☑ **家庭料理(かていりょうり)** 가정 요리
  카떼-료-리

> tip 집에서 직접 만들어 먹는 요리를 말한다.

☑ **出前料理(でまえりょうり)** 배달 요리
  데마에료-리

> tip 집에서 전단지(ちらし, 치라시)를 보고 전화하여 배달해 먹는 요리를 말한다. 회화에서는 出前(でまえ, 데마에)라고 줄여서 말한다.

☑ **手作(てづく)り料理(りょうり)** 직접 만든 요리
  테즈꾸리료-리

☑ **得意料理(とくいりょうり)** 자신 있는 요리
  토꾸이료-리

85

☑ **インスタント料理(りょうり)** 인스턴트 요리
인스딴또료-리

2. 음식의 맛

☑ **味(あじ)** 맛
아지

> **tip** 맛과 관련된 표현
> 맛있다 おいしい 오이시- / うまい 우마이
> 맛없다 まずい 마즈이

☑ **甘(あま)い** 달다
아마이

☑ **酸(す)っぱい** 시다
습빠이

> **tip** 여기서 酢(す, 스)는 '식초'를 말한다.

☑ **辛(から)い** 맵다
카라이

☑ **しょっぱい** 짜다
습빠이

> **tip** 塩辛(しおから)い(시오까라이)도 같은 뜻으로 쓰인다.

☑ **苦(にが)い** 쓰다
니가이

☑ **薄(うす)い** 　　　　　　묽다
우스이
tip 보통 국·죽·스프 등이 묽은 경우에 쓴다.

☑ **水(みず)っぽい** 　　　　싱겁다
미즈뽀이
tip 커피·술 등의 음료수 맛이 싱거울 때 쓴다.

☑ **油(あぶら)っこい** 　　　느끼하다
아부락꼬이

3. 요리법

☑ **蒸(む)す** 　　　　　　찌다
무스
tip '찜'은 蒸(む)し(무시)라고 한다.

☑ **煮(にる)** 　　　　　　삶다
니루

☑ **煮込(にこ)む** 　　　　푹 삶다
니꼬무
tip 고기나 야채를 오랜 시간 푹 끓이거나 삶은 것을 말한다.

☑ **煮付(にっ)ける** 　　　조리다
니쯔께루
tip 생선이나 고기 등을 간장으로 푹 끓여서 조리는 것을 말한다.

- ☑ **漬(つ)ける**
  츠께루
  절이다, 담그다

  tip 소금 등에 절여서 발효시키는 것을 말한다.

- ☑ **和(あ)える**
  아에루
  무치다, 버무리다

- ☑ **炒(いた)める**
  이따메루
  볶다

- ☑ **焼(や)く**
  야꾸
  굽다

- ☑ **揚(あ)げる**
  아게루
  튀기다

◆ 그 밖의 요리법

- ☑ **切(き)る**
  키루
  자르다

- ☑ **刻(きざ)む**
  키자무
  잘게 다지다

- ☑ **潰(つぶ)す**
  츠부스
  으깨다, 찧다

- ☑ **混(ま)ぜる**
  마제루
  골고루 섞다

☑ **チンする** 　　　　　　　　　 데우다
친스루

> **tip** 음식을 전자레인지에 넣고 데울 때 종료를 나타내는 기계음을 그대로 따서 만든 말로, '전자레인지에 넣고 돌리다'란 뜻이다.

4. 요리도구

☑ **まな板(いた)** 　　　　　　　 도마
마나이따

☑ **包丁(ほうちょう)** 　　　　　 부엌칼
호-쬬-

☑ **キッチンばさみ** 　　　　　　 부엌가위
킷찜바사미

> **tip** 원래 '가위'는 はさみ(하사미)라고 한다.

☑ **しゃもじ** 　　　　　　　　　 주걱
샤모지

> **tip** '(주걱으로) 뜨다'는 すくう(스꾸우)란 동사를 쓴다.

☑ **しゃくし** 　　　　　　　　　 국자
샤꾸씨

> **tip** '(국자로) 푸다'는 すくう(스꾸우)란 동사를 쓴다.

☑ **ふるい** 　　　　　　　　　　 체
후루이

tip '(체에) 치다'는 かける(카께루)란 동사를 쓴다.

☑ **下(お)ろし金(がね)**　　　　　**강판**
오로시가네

　tip '(강판에) 갈다'는 かける(카께루)란 동사를 쓴다.

5. 양념 · 조미료

☑ **味付(あじつ)け**　　　　　**양념**
아지쯔께

　tip 음식의 간을 맞추거나 맛을 내는 것을 말한다.

☑ **調味料(ちょうみりょう)**　　　**조미료**
쵸-미료-

☑ **塩(しお)**　　　　　**소금**
시오

☑ **醬油(しょうゆ)**　　　　　**간장**
쇼-유

　tip 앞에 お(오)를 붙여서 쓰기도 한다.

☑ **砂糖(さとう)**　　　　　**설탕**
사또-

　tip 관련 어휘
　　각설탕　角砂糖(かくざとう)　카꾸자또-
　　흑설탕　黒砂糖(くろざとう)　쿠로자또-

☑ **お酢(す)**   **식초**
오스

> **tip** 항상 앞에 お(오)를 붙여서 쓴다.

☑ **油(あぶら)**   **기름**
아부라

> **tip** 요리할 때 사용하는 기름을 통칭하는 말이다.

☑ **食油(しょくゆ)**   **식용유**
쇼꾸유

☑ **オリーブオイル(olive oil)**   **올리브 오일**
오리-부오이루

☑ **ごま油(あぶら)**   **참기름**
고마아부라

> **tip** ごま(고마)는 '참깨'란 뜻이다.

☑ **えま油(あぶら)**   **들기름**
에마아부라

> **tip** えま(에마)는 '들깨'란 뜻이다.

◆ **향신료**

☑ **こしょう**   **후추**
코쇼-

☑ **わさび**   **고추냉이**
와사비

☑ **からし**   겨자
카라시

  tip 다른 말로 マスタード(mustard, 마스따-도)라고도 한다.

☑ **七味(しちみ)**   고춧가루
시찌미

  tip 매콤한 맛을 내는 7가지의 가루를 섞은 것이다.

♦ <u>소스</u>

☑ **ソース(source)**   소스
소-스

☑ **味噌(みそ)**   된장
미소

☑ **唐辛子(とうがらし)味噌(みそ)**   고추장
토-가라시미소

☑ **ケチャップ(ketchup)**   케첩
케짭뿌

☑ **マヨネーズ(mayonnaise)**   마요네즈
마요네-즈

  tip 발음할 때 장음에 주의한다.

☑ **ドレッシング(dressing)**   드레싱
도렛씽구

  tip 보통 샐러드에 뿌려 먹는 것을 말한다.

 **식사**

1. 하루 식사

☑ **食事**(しょくじ)   **식사**
쇼꾸지

    tip 관련 어휘
      식사하다   食事(しょくじ)をする   쇼꾸지오 스루

◆ 아침

☑ **朝**(あさ)ごはん   **아침밥**
아사고항

☑ **朝食**(ちょうしょく)   **아침식사 (조식)**
쵸-쇼꾸

◆ 점심

☑ **昼**(ひる)ごはん   **점심밥**
히루고항

    tip 회화에서는 간단하게 お昼(ひる, 오히루)라고 한다.

☑ **昼食**(ちゅうしょく)   **점심식사 (주식)**
츄-쇼꾸

☑ **ランチ**(lunch) **런치**
　란찌

☑ **ブランチ**(brunch) **아점**
　부란찌

> **tip** 아침식사를 못한 경우에 점심시간보다 약간 이른 시간에 먹는
> 아침 겸 점심을 말한다. 브런치(brunch)란 말은 아침(breakfast)
> 과 점심(lunch)의 합성어이다.

♦ 저녁

☑ **夕**(ゆう)**ごはん** **저녁밥**
　유-고항

> **tip** 회화에서는 晩(ばん)ごはん(방고항)이라고 한다.

☑ **夕食**(ゆうしょく) **저녁식사 (석식)**
　유-쇼꾸

☑ **夜食**(やしょく) **야식, 밤참**
　야쇼꾸

2. 기본 식단

♦ 밥

☑ **ご飯**(はん) **밥**
　고항

> **tip** 한자보다는 히라가나로 표기하는 경우가 많다.

☑ **炒(いた)めごはん**　　　　　　　　볶음밥
　이따메고항

☑ **混(ま)ぜごはん**　　　　　　　　비빔밥
　마제고항

☑ **丼(どんぶり)**　　　　　　　　　　덮밥
　돈부리

> **tip** 관련 어휘
> 소고기덮밥　牛丼(ぎゅうどん)　규-동
> 튀김덮밥　天丼(てんどん)　텐동

◆ 반찬

☑ **おかず**　　　　　　　　　　　반찬
　오까즈

☑ **煮付(につ)け**　　　　　　　　　조림
　니쯔께

> **tip** 생선이나 고기 등을 간장으로 푹 끓여서 조린 것을 말한다.

☑ **漬物(つけもの)**　　　　　　　　절임
　츠께모노

> **tip** 우리나라의 '김치'에 해당하며, 소금만으로 절인다.

☑ **和(あ)え物(もの)**　　　　　　　무침
　아에모노

> **tip** 우리나라의 '나물 무침'에 해당하며, 야채나 채소를 식초나 된장
> 으로 버무려서 무친 것을 말한다.

95

☑ **炒(いた)め物(もの)**　　　　　　　　　　볶음
　이따메모노

☑ **焼(や)き物(もの)**　　　　　　　　　　구이
　야끼모노

☑ **揚(あ)げ物(もの)**　　　　　　　　　　튀김
　아게모노

◆ 국

☑ **汁(しる)**　　　　　　　　　　　　　국
　시루

　tip 국물 있는 것을 가리키는 통칭이다.

☑ **吸(す)い物(もの)**　　　　　　　　　　장국
　스이모노

　tip 보통 된장을 풀어서 끓인 장국을 말한다.

☑ **鍋物(なべもの)**　　　　　　　　　　찌개
　나베모노

　tip 모든 종류의 '찌개 요리'를 가리키는 말로, 회화에서는 보통
　　　お鍋(なべ, 오나베)라고도 한다.

◆ 면

☑ **麺(めん)**　　　　　　　　　　　　　면
　멩

　tip 다른 말로 麺類(めんるい, 멘루이) 즉, '면류'라고도 한다.

96

☑ **ラーメン** 　　　　　　　　라면
라-멩

☑ **そば** 　　　　　　　　　국수
소바

> **tip** 관련 어휘
> 메밀국수 ざるそば 자루소바
> 튀김국수 天(てん)そば 텐소바

☑ **うどん** 　　　　　　　　우동
우동

> **tip** 관련 어휘
> 튀김우동 天(てん)ぷらうどん 템뿌라우동
> 유부우동 きつねうどん 키쯔네우동

☑ **スパゲッティ**(spaghetti) 　　스파게티
스빠겟띠

3. 식기 도구

☑ **食器**(しょっき) 　　　　　식기
쇽끼

◆ 그릇

☑ **器**(うつわ) 　　　　　　　그릇
우쯔와

☑ **お茶碗(ちゃわん)**
오쨔왕

밥 그릇

☑ **お碗(わん)**
오왕

국 그릇

◆ 접시

☑ **皿(さら)**
사라

접시

> **tip** 보통 앞에 お(오)를 붙여서 お皿(さら, 오사라)라고 한다.

☑ **小皿(こざら)**
코자라

작은 접시

☑ **取(と)り皿(ざら)**
토리자라

개인 접시

> **tip** 음식을 덜어서 먹을 때 쓰는 접시이다.

◆ 식사도구

☑ **さじ**
사지

숟가락

> **tip** 보통 앞에 お(오)를 붙여서 おさじ(오사지)라고 한다.

☑ **箸(はし)**
하시

젓가락

> **tip** 보통 앞에 お(오)를 붙여서 お箸(はし, 오하시)라고 한다.

☑ **スプーン**(spoon)　　　　스푼
스뿌웅

　tip　장음을 살려서 발음한다.

☑ **フォーク**(folk)　　　　포크
훠ー구

　tip　발음이 어려우므로 주의한다.

☑ **コップ**　　　　컵
콥뿌

　tip　가장 일반적으로 쓰이는 컵의 총칭이다.

☑ **カップ**(cup)　　　　찻잔
캅뿌

　tip　음료수용이 아닌 커피나 차를 담는 컵을 가리킨다.

☑ **グラス**(glass)　　　　글라스
구라스

　tip　보통 유리로 된 컵을 가리킨다.

4. 설거지

☑ **皿洗(さらあら)い**　　　　설거지
사라아라이

　tip　다른 말로 洗(あら)い物(もの, 아라이모노)라고도 하며, '설거지를 하다'는 뒤에 ~をする(오 스루)를 붙이면 된다.

☑ **流(なが)し**
나가시

설거지통

☑ **スポンジ(sponge)**
스뽄지

수세미

☑ **洗剤(せんざい)**
센자이

세제

☑ **布巾(ふきん)**
후낑

행주

   tip 관련 표현

   행주로 닦다 布巾(ふきん)で拭(ふ)く 후낀데 후꾸

Japanese
Vocabulary

1. 주거 형태

☑ **家(いえ)** 집

이에

tip 관련 어휘

우리 집 わが家(や) 와가야

(남의) 집 お宅(たく) 오따꾸

☑ **住宅(じゅうたく)** 주택

쥬-따꾸

tip 관련 어휘

주택가 住宅街(じゅうたくがい) 쥬-따꾸가이

주택지 住宅地(じゅうたくち) 쥬-따꾸찌

✦ 주거의 종류

☑ **一戸建(いっこだ)て** 단독 주택

익꼬다떼

tip 관련 어휘

2층집 二階建(にかいだ)て 니까이다떼

3층집 三階建(さんかいだ)て 상까이다떼

☑ **賃貸住宅(ちんたいじゅうたく)** 임대 주택

친따이쥬-따꾸

☑ **アパート** 아파트

아빠―또

tip 우리나라의 아파트가 아닌 2~3층 정도의 다세대 연립주택으로, 목조 건물이라 집값이 싸다.

☑ **マンション** 맨션

만숑

tip 우리나라의 아파트와 같은 것이다. 보통 5층 이상의 건물로, 철근 콘크리트로 만들어져 있다.

☑ **寮(りょう)** 기숙사

료―

tip 일본에는 대학교 내에 기숙사가 있는 곳이 많다.

☑ **下宿(げしゅく)** 하숙

게슈꾸

2. 집의 외부

☑ **屋根(やね)** 지붕

야네

☑ **庭(にわ)** 마당, 정원

니와

tip 관련 어휘

앞마당 前庭(まえにわ) 마에니와

뒷마당 裏庭(うらにわ) 우라니와

☑ **塀(へい)**   담, 울타리
헤-

☑ **扉(とびら)**   대문
토비라

　tip 대문과 같은 크기가 큰 문을 가리키는 말이다.

☑ **玄関(げんかん)**   현관
겡깡

☑ **窓(まど)**   창, 창문
마도

　tip 원래 '창문'은 窓(まど)ガラス(마도가라스)라고 한다.

☑ **ベランダ(veranda)**   베란다
베란다

☑ **バルコニー(balcony)**   발코니
바루꼬니-

　tip 맨 뒤의 장음에 주의한다.

☑ **車庫(しゃこ)**   차고
샤꼬

　tip 다른 말로 ガレージ(garage, 가레-지)라고도 한다.

☑ **倉庫(そうこ)**   창고
소-꼬

☑ **地下室(ちかしつ)**   지하실
치까시쯔

3. 집의 내부

✦ 집의 구성

☑ **天井(てんじょう)**   천장
　텐죠-

　　tip 관련 표현
　　　천장이 높다　天井(てんじょう)が高(たか)い　텐죠-가 타까이
　　　천장이 낮다　天井(てんじょう)が低(ひく)い　텐죠-가 히꾸이

☑ **壁(かべ)**   벽
　카베

☑ **床(ゆか)**   마루
　유까

☑ **階段(かいだん)**   계단
　카이당

　　tip 관련 표현
　　　계단을 올라가다　階段(かいだん)を上(のぼ)る　카이당오 노보루
　　　계단을 내려가다　階段(かいだん)を下(くだ)る　카이당오 쿠다루

☑ **廊下(ろうか)**   복도
　로-까

☑ **ドア(door)**   문
　도아

　　tip 다른 말로 戸(と, 토)라고도 하는데, 요즘은 대부분 ドア(도아)
　　를 쓰기 때문에 거의 쓰지 않는 단어가 되었다.

♦ 주거 공간

☑ **仕切(しき)り**   **구조**

시끼리

> **tip** 원래는 '칸막이'란 뜻으로, 각 구역으로 나눌 수 있는 단위를 나타내는 '구분, 구조'란 뜻이다.

☑ **部屋(へや)**   **방**

헤야

> **tip** 다른 말로 ルーム(room, 루-무)라고도 한다.

[방의 종류]

☑ **寝室(しんしつ)**   **침실**

신시쯔

> **tip** 다른 말로 ベッドルーム(bedroom, 벳도루-무)라고도 한다.

☑ **夫婦部屋(ふうふべや)**   **안방**

후-후베야

> **tip** 일본에서는 '부부방'을 '안방'이라고 한다.

☑ **子供部屋(こどもべや)**   **아이 방**

코도모베야

[그 밖의 공간]

☑ **台所(だいどころ)**   **부엌**

다이도꼬로

> **tip** 다른 말로 キッチン(kitchen, 킷찐)이라고도 한다.

☑ **居間(いま)**　　　　　　　　거실

이마

> **tip** 다른 말로 リビングルーム(living room, 리빙구루-무)라고
> 도 한다. '지금'이란 뜻의 今(いま, 이마)와 발음이 같으므로 주
> 의한다.

☑ **応接間(おうせつま)**　　　　응접실

오-세쯔마

☑ **お風呂(ふろ)**　　　　　　　욕실

오후로

> **tip** 다른 말로 浴室(よくしつ, 요꾸시쯔)라고도 하는데, 호텔 등의
> 숙박업체에서는 バスルーム(bathroom, 바스루-무)란 말을
> 더 많이 쓴다.

☑ **トイレ(toilet)**　　　　　　화장실

토이레

> **tip** トイレット(toilet, 토이렛또)의 줄임말이다. 다른 말로 お手洗
> (てあら)い(오떼아라이)라고도 한다.

인테리어

1. 가구

◆ 침실가구

☑ **たんす**
장, 장롱
탄스

☑ **洋服(ようふく)たんす**
옷장
요-후꾸탄스

> **tip** 여기서 洋服(ようふく, 요-후꾸)는 '옷, 의복'을 가리킨다.

☑ **収納(しゅうのう)たんす**
수납장
슈-노-탄스

☑ **押(お)し入(い)れ**
벽장
오시이레

> **tip** 붙박이장처럼 벽 안을 뚫어서 만든 곳으로, 일본의 전통적인 수납용 공간이다.

☑ **ベッド(bed)**
침대
벳도

> **tip** 관련 어휘
> 싱글 침대　シングルベッド(single bed)　싱구루벳도
> 더블 침대　ダブルベッド(double bed)　다부루벳도
> 트윈 침대　ツインベッド(twin bed)　츠임벳도

☑ **ドレッサー**(dresser)　　　　화장대
도렛싸ー

◆ 거실가구

☑ **ソファー**(sofa)　　　　소파
소화ー

　　tip 관련 어휘
　　　쿠션　クッション(cushion)　쿳쏭
　　　방석　座布団(ざぶとん)　자부똥

☑ **テーブル**(table)　　　　테이블
테ー부루

☑ **本棚**(ほんだな)　　　　책장
혼다나

　　tip 여기서 棚(たな, 타나)는 물건을 올려놓는 '선반'을 말한다.

☑ **装飾棚**(そうしょくだな)　　　　장식장
소ー쇼꾸다나

☑ **置物**(おきもの)　　　　장식물
오끼모노

　　tip 다른 말로 オブジェ(objet, 오부제)라고도 한다.

◆ 부엌가구

☑ **食卓**(しょくたく)　　　　식탁
쇼꾸따꾸

109

☑ **椅子**(いす) 의자
　이스

☑ **戸棚**(とだな) 찬장
　토다나

☑ **食器棚**(しょっきだな) 식기장
　숏끼다나

☑ **流**(なが)**し台**(だい) 싱크대
　나가시다이

☑ **調理台**(ちょうりだい) 조리대
　쵸-리다이

✦ 욕실 · 화장실

☑ **浴槽**(よくそう) 욕조
　요쿠쏘-
　tip 회화에서는 風呂(ふろ, 후로)라고 한다.

☑ **洗面台**(せんめんだい) 세면대
　셈멘다이

☑ **便器**(べんき) 변기
　벵끼
　tip 다른 말로 便座(べんざ, 벤자)라고도 한다.

2. 생활용품

◆ 주방용품

☑ **食器**(しょっき)　　　　　식기
　속끼

☑ **容器**(ようき)　　　　　용기
　요-끼

　tip 반찬 등을 따로 담는 밀폐용 그릇을 말한다.

☑ **フライパン**(fry pan)　　프라이팬
　후라이빵

☑ **鍋**(なべ)　　　　　　냄비
　나베

☑ **やかん**　　　　　주전자
　야깡

☑ **かご**　　　　　바구니
　카고

　tip 보통 대나무 등으로 엮어서 만든 것을 말한다.

☑ **ざる**　　　　　소쿠리
　자루

☑ **お盆**(ぼん)　　　　쟁반
　오봉

111

☑ **たらい** 대야
   타라이

   tip 넓고 편평한 수납 도구를 말한다.

◆ 침구용품

☑ **布団(ふとん)** 이부자리
   후똥

   tip 관련 어휘
   요 敷(し)き布団(ぶとん) 시끼부똥
   이불 掛(か)け布団(ぶとん) 카께부똥

☑ **枕(まくら)** 베개
   마꾸라

☑ **毛布(もうふ)** 모포, 담요
   모–후

☑ **ハンガー(hanger)** 행거
   항가–

☑ **服(ふく)がけ** 옷걸이
   후꾸가께

◆ 목욕용품

☑ **シャンプー(shampoo)** 샴푸
   샴뿌–

   tip 맨 뒤의 장음에 주의한다.

☑ **リンス**(rinse)   린스
린스

☑ **バスソープ**(bath soup)   목욕비누
바스소-뿌

☑ **バスローション**(bath lotion)   목욕로션
바스로-숑

☑ **スポンジ**(sponge)   스펀지
스뽄지

☑ **垢擦(あかす)り**   때수건
아까스리

> **tip** 관련 표현
> 때를 밀다 垢(あか)を擦(す)る 아까오 스루

◆ 세면용품

☑ **歯(は)ブラシ**(brush)   칫솔
하부라시

☑ **歯磨(はみが)き**   치약
하미가끼

> **tip** 歯磨(はみが)き粉(こ, 하미가끼꼬)의 줄임말이다.

☑ **せっけん**   비누
섹껭

> **tip** 다른 말로 ソープ(soup, 소-뿌)라고도 한다.

☑ **タオル**(towel)
タオル
타오루

수건, 타월

♦ **위생용품**

☑ **トイレットペーパー**
토이렛또페―빠―

휴지

☑ **爪切(つめき)り**
츠메끼리

손톱깎이

   tip 관련 표현
   손톱을 깍다 爪(つめ)を切(き)る 츠메오 키루

☑ **かみそり**
카미소리

면도기

☑ **くし**
쿠시

빗

   tip 다른 말로 ブラシ(brush, 부라시)라고도 한다.

3. 가전제품

♦ **거실에서**

☑ **テレビ**
테레비

텔레비전

   tip テレビジョン(television, 테레비죵)의 줄임말이다.

□ **ビデオ**(video) 　　　　　　　비디오
비데오

□ **オーディオ**(audio) 　　　　오디오
오-디오

□ **ラジオ**(radio) 　　　　　　라디오
라지오

　　tip '라디오'라고 발음하지 않도록 주의한다.

□ **扇風機**(せんぷうき) 　　　선풍기
셈뿌-끼

□ **エアコン** 　　　　　　　　에어컨
에아꽁

□ **ヒーター**(heater) 　　　　히터
히-따-

◆ 부엌에서

□ **冷蔵庫**(れいぞうこ) 　　　냉장고
레-조-꼬

　　tip 관련 어휘
　　　냉동실 冷凍室(れいとうしつ)　레-또-시쯔

□ **ガスレンジ**(gas range) 　가스레인지
가스렌지

　　tip レインジ(레인지)라고 발음하지 않도록 주의한다.

115

☑ **電子(でんし)レンジ**　　　전자레인지
덴시렌지

☑ **オーブン(oven)**　　　오븐
오-붕
　　tip 장음이 들어가는 것에 주의하여 발음한다.

☑ **炊飯器(すいはんき)**　　　밥솥
스이항끼

☑ **電気釜(でんきがま)**　　　전기 밥솥
뎅끼가마

☑ **電気(でんき)ポット**　　　전기 포트
뎅끼폿또

☑ **トースター(toaster)**　　　토스터
토-스따-
　　tip 장음이 두 군데 들어가므로 주의하여 발음한다.

☑ **ミキサー(mixer)**　　　믹서
미끼사-
　　tip 읽는 법이 어려우므로, 잘 알아둔다.

✦ **욕실에서**

☑ **ヘアドライヤー(hair dryer)**　　　헤어 드라이어
헤아도라이야-
　　tip ドライア(도라이아)라고 발음하지 않도록 주의한다.

☑ **電気(でんき)かみそり**
덴끼카미소리

전기 면도기

4. 실내장식

☑ **インテリア**(interior)
인떼리아

인테리어

♦ 벽

☑ **壁紙(かべがみ)**
카베가미

벽지

☑ **カーテン**(curtain)
카―뗑

커튼

☑ **ブラインド**(blind)
부라인도

블라인드

♦ 바닥

☑ **床(ゆか)マット**(mat)
유까맛또

장판

☑ **カーペット**(carpet)
카―뻿또

카펫

117

☑ **マット**(mat)　　　　　　　　　매트
　　맛또

☑ **タイル**(tile)　　　　　　　　　타일
　　타이루

> **tip** 보통 현관, 베란다, 화장실 등의 바닥에 까는 것을 말한다.

✦ 조명

☑ **照明**(しょうめい)　　　　　　　조명
　　쇼–메–

☑ **電球**(でんきゅう)　　　　　　　전구
　　뎅뀨–

☑ **電灯**(でんとう)　　　　　　　　전등
　　덴또–

☑ **蛍光灯**(けいこうとう)　　　　　형광등
　　케–꼬–또–

☑ **スタンド**(stand)　　　　　　　스탠드
　　스딴도

☑ **シャンデリア**(chandelier)　　　샹들리에
　　샨데리아

 **청소**

1. 청소하기

☑ **掃除(そうじ)**   **청소**
소-지

> **tip** 앞에 お(오)를 붙여서 お掃除(そうじ, 오소-지)라고도 한다.

☑ **大掃除(おおそうじ)**   **대청소**
오-소-지

> **tip** だいそうじ(다이소-지)라고 읽지 않도록 주의한다.

✦ 여러 가지 청소법

☑ **掃除(そうじ)する**   **청소하다**
소-지스루

☑ **拾(ひろ)う**   **줍다**
히로우

☑ **集(あつ)める**   **모으다**
아쯔메루

☑ **掃(は)く**   **쓸다**
하꾸

> **tip** 빗자루를 이용하여 청소하는 경우에 쓴다.

☑ **拭(ふ)く**   닦다
후꾸

　tip 걸레를 이용하여 청소하는 경우에 쓴다.

☑ **とる**   털다, 없애다
토루

　tip 주로 먼지를 청소할 때 쓰는 말이다.

☑ **捨(す)てる**   버리다
스떼루

2. 청소도구

☑ **ほうき**   비, 빗자루
호-끼

☑ **ほこりとり**   먼지떨이
호꼬리또리

☑ **ちりとり**   쓰레받기
치리또리

☑ **くず箱(ばこ)**   휴지통
쿠즈바꼬

　tip くず(쿠즈)는 '쓸모없는 것'이란 뜻이다.

☑ **雑巾(ぞうきん)**   걸레
조-낑

☑ **モップ**(mop)　　　　　　　　대걸레
몹뿌

tip 관련 어휘
대걸레질　モップがけ　몹뿌가께

☑ **掃除機**(そうじき)　　　　　　청소기
소-지끼

tip 電気掃除機(でんきそうじき, 뎅끼소-지끼)의 줄임말이다.

3. 쓰레기

☑ **ごみ**　　　　　　　　　쓰레기
고미

tip 보통 ゴミ와 같이 가타카나로 쓰는 경우가 많다.

☑ **ほこり**　　　　　　　　먼지
호꼬리

tip 다른 말로 ちり(치리)라고도 한다.

☑ **ゴミ箱**(ばこ)　　　　　　쓰레기통
고미바꼬

☑ **ゴミ捨**(す)**て場**(ば)　　　쓰레기장
고미스떼바

☑ **ゴミを出**(だ)**す日**(ひ)　　쓰레기 버리는 날
고미오 다스 히

☑ **ゴミ捨(す)て日(ひ)**　　　　쓰레기 수거일
고미스떼비

　tip　다른 말로 ゴミの日(ひ)(고미노히)라고도 한다.

♦ **쓰레기의 종류**

☑ **燃(も)えるゴミ**　　　　타는 쓰레기
모에루고미

☑ **燃(も)えないゴミ**　　　　타지 않는 쓰레기
모에나이고미

☑ **再活用(さいかつよう)ゴミ**　　　　재활용 쓰레기
사이까쯔요-고미

　tip　다른 말로 リサイクル(recycle, 리사이꾸루)라고도 한다.

122

Japanese
Vocabulary

생활 편의

1. 슈퍼마켓

☑ **スーパー** 　　　　　　　　　슈퍼
　스─빠─
　tip スーパーマーケット(스─빠─마─켓또)의 줄임말이다.

☑ **コンビニ** 　　　　　　　　　편의점
　콤비니
　tip コンビニエンスストア(convenience store)의 줄임말이다.

☑ **商店街**(しょうてんがい) 　　　상점가
　쇼─뗑가이

☑ **市場**(いちば) 　　　　　　　　시장
　이찌바
　tip 재래시장을 가리키는 말이다.

♦ 슈퍼에서

☑ **お弁当**(べんとう)**コーナー** 　　도시락 코너
　오벤또─코─나─

☑ **おかずコーナー** 　　　　　　　반찬 코너
　오까즈코─나─

☑ **カート**(cart)   **카트**
카―또

> tip 바퀴가 달려서 밀고 다니는 철제 바구니를 말한다.

☑ **買(か)い物(もの)袋(ぶくろ)**   **장바구니**
카이모노부꾸로

> tip 관련 어휘
>
> 종이봉지 紙袋(かみぶくろ) 카미부꾸로
>
> 비닐봉지 ビニール袋(ぶくろ) 비니―루부꾸로

☑ **シール**(seal)   **스티커**
시―루

> tip 일본에서는 '스티커'란 말을 쓰지 않는다.

✦ 여러 가지 식품

☑ **インスタント**(instant)   **인스턴트**
인스딴또

☑ **レトルト**(retort)   **레토르트**
레또루또

> tip 일명 '3분 요리'라고 부르는 반제품을 말한다.

☑ **冷凍食品(れいとうしょくひん)**   **냉동식품**
레―또―쇼꾸힝

☑ **加工品(かこうひん)**   **가공품**
카꼬―힝

☑ **乳製品(にゅうせいひん)**　　　유제품
　뉴-세-힝

　　tip 관련 어휘
　　　　치즈　チーズ(cheese)　치-즈
　　　　버터　バター(butter)　바따-

☑ **缶詰(かんづめ)**　　　통조림
　칸즈메

✦ 판매하기

☑ **新発売(しんはつばい)**　　　신발매
　싱하쯔바이

☑ **セール(sale)**　　　세일
　세-루

　　tip 보통 セール中(ちゅう, 세-루쮸-)의 형태로 많이 쓴다.

☑ **割引(わりびき)**　　　할인
　와리비끼

☑ **お買得(かいどく)**　　　특매
　오까이도꾸

✦ 계산하기

☑ **カウンター(counter)**　　　계산대
　카운따-

☑ **店員**(てんいん)　　　　　　점원
　　텡잉

☑ **会計**(かいけい)　　　　　　계산
　　카이께-

☑ **合計**(ごうけい)　　　　　　합계
　　고-께-

☑ **消費税**(しょうひぜい)　　　소비세
　　쇼-히제-

　　tip 일본의 소비세는 구입가격의 5%에 해당한다.

☑ **おつり**　　　　　　　　　잔돈
　　오쯔리

2. 미용실

☑ **美容室**(びようしつ)　　　　미용실
　　비요-시쯔

　　tip 다른 말로 美容院(びよういん, 비요-잉)이라고도 한다.

☑ **ヘアショップ**(hair shop)　　헤어숍
　　헤아숍뿌

☑ **美容師**(びようし)　　　　　미용사
　　비요-시

127

☑ **床屋**(とこや)　　　　　　　　　　**이발소**
　토꼬야

> **tip** 다른 말로 理髪店(りはつてん、리하쯔뗑)이라고도 한다.

☑ **ヘアデザイナー**(hair designer)　**헤어 디자이너**
　헤아데자이나―

✦ 헤어스타일

☑ **髪型**(かみがた)　　　　　　　　　**머리 모양**
　카미가따

> **tip** ヘアスタイル(hair style、헤아스따이루)란 말도 많이 쓴다.

☑ **ショットヘア**(short hair)　　　　**커트 머리**
　숏또헤아

> **tip** 줄여서 ショット(숏또)라고도 한다.

☑ **ミディアムヘア**(medium hair)　**단발 머리**
　미디아무헤아

☑ **ロングヘア**(long hair)　　　　　　**긴 머리**
　롱구헤아

☑ **ストレート**(straight)　　　　　　**생머리**
　스또레―또

☑ **ウェーブ**(wave)　　　　　　　　　**파마 머리**
　웨―부

> **tip** '뽀글뽀글하다'는 強(つよ)い(츠요이)란 표현을 쓴다.

☑ 縮(ちぢ)れ髪(がみ)　　　　　　곱슬머리
치지레가미

♦ 미용실에서

☑ カット(cut)　　　　　　　　커트
캇또
> **tip** '머리를 자르다'는 カットする(캇또스루)라고 한다.

☑ パーマ　　　　　　　　　　파마
파-마
> **tip** '파마하다'는 パーマをかける(파-마오 카께루)라고 한다.

☑ 色染(いろぞ)め　　　　　　　염색
이로조메
> **tip** 요즘은 カラーリング(coloring, 카라-링구)란 말을 많이 쓴다.

☑ 白髪染(しらがぞ)め　　　　　새치 염색
시라가조메

☑ ブリーチ(bleach)　　　　　탈색
부리-찌

☑ マニキュア(manicure)　　　매니큐어
마니뀨아
> **tip** 관련 어휘
> 손톱 ネイル(nail) 네이루
> 아세톤 リムーバー(remover) 리무-바-

☑ **ペディキュア(pedicure)**   페디큐어
페디큐아

   tip 발톱에 하는 매니큐어를 말한다.

3. 세탁소

☑ **クリーニング(cleaning)屋(や)**   세탁소
쿠리-닝구야

   tip 다른 말로 ランドリー(laundry, 란도리-)라고도 한다.

☑ **コインランドリー(coin laundry)**   빨래방
코인란도리-

♦ 세탁소에서

☑ **洗濯(せんたく)**   세탁
센따꾸

☑ **汚(よご)れ**   때, 더러움
요고레

☑ **しみ**   얼룩
시미

   tip '얼룩을 빼다'는 しみをとる(시미오 토루)라고 한다.

☑ **跡(あと)**   자국
아또

☑ **ドライクリーニング**(dry cleaning)　　**드라이클리닝**
도라이쿠리-닝구

　tip 보통 줄여서 クリーニング(쿠리-닝구)라고만 한다.

☑ **服直**(ふくなお)**し**　　　　　　　**수선**
후꾸나오시

　tip 줄여서 直(なお)し(나오시)라고도 한다.

☑ **縫**(ぬ)**い物**(もの)　　　　　　**바느질**
누이모노

☑ **縫**(ぬ)**う**　　　　　　　　　　**바느질하다**
누-

　tip 관련 어휘
　　실 糸(いと) 이또
　　바늘 針(はり) 하리

☑ **ミシン**(sewing machine)　　　**미싱, 재봉틀**
미싱

☑ **アイロンがけ**　　　　　　　**다리미질**
아이롱가께

☑ **アイロンをかける**　　　　**다리미질하다**
아이롱오 카께루

　tip 관련 어휘
　　다리미 アイロン 아이롱
　　다리미판 アイロン板(いた) 아이롱이따
　　다리미 풀 アイロンのり 아이론노리

131

4. 은행

☑ **銀行**(ぎんこう)　　　　　　　은행
　　깅꼬-

　　tip 다른 말로 バンク(bank, 방꾸)라고도 한다.

☑ **銀行員**(ぎんこういん)　　　은행원
　　깅꼬-잉

☑ **窓口**(まどぐち)　　　　　　창구
　　마도구찌

✦ 은행 업무

☑ **預金**(よきん)　　　　　　　예금
　　요낑

☑ **貯金**(ちょきん)　　　　　　저금
　　쵸낑

☑ **積立**(つみた)**て**　　　　　적금
　　츠미따떼

　　tip '적금하다'는 積立(つみた)てる(츠미따떼루)라고 한다.

☑ **融資**(ゆうし)　　　　　　　융자
　　유-시

☑ **ローン**(loan)　　　　　　　대출
　　로옹

☑ **預(あず)け入(い)れ** 　　　　**입금**
　아즈께이레

　tip '입금하다'는 預(あず)け入(い)れる(아즈께이레루)라고 한다.

☑ **引(ひ)き出(だ)し** 　　　　**출금, 인출**
　히끼다시

☑ **振(ふ)り込(こ)み** 　　　　**이체**
　후리코미

　tip '이체하다'는 振(ふ)り込(こ)む(후리꼬무)라고 한다.

☑ **照会(しょうかい)** 　　　　**조회**
　쇼-까이

☑ **税金(ぜいきん)** 　　　　**세금**
　제-낑

☑ **光熱費(こうねつひ)** 　　　　**공과금**
　코-네쯔히

　tip 일본에서는 공과금을 '광열비'라고 한다.

◆ 은행 이용

☑ **口座(こうざ)** 　　　　**계좌**
　코-자

　tip 일본에서는 계좌를 '구좌'라고 한다.

☑ **通帳(つうちょう)** 　　　　**통장**
　츠-쬬-

☑ **口座番号**(こうざばんごう)　　　계좌번호
코-자방고-

☑ **キャッシュカード**(cash card)　　현금카드
캇슈카-도

☑ **暗証番号**(あんしょうばんごう)　비밀번호
안쇼-방고-

　　tip　일본에서는 '비밀번호'란 말을 쓰지 않는다.

☑ **判子**(はんこ)　　　　　　　　　도장
항꼬

　　tip　관련 어휘
　　　인감도장 印鑑(いんかん)　잉깡

☑ **残高**(ざんだか)　　　　　　　　잔액, 잔고
잔다까

　　tip　ざんこう(장꼬-)라고 발음하지 않도록 주의한다.

☑ **手数料**(てすうりょう)　　　　　수수료
테스-료-

　　tip　관련 표현
　　　수수료가 들다　手数料(てすうりょう)がかかる　테스-료-가 카까루

◆ **화폐의 종류**

☑ **現金**(げんきん)　　　　　　　　현금
겡낑

　　tip　다른 말로 キャッシュ(cash, 캇슈)라고도 한다.

☑ **お札(さつ)**　　　　　　　지폐
오사쯔
　tip 다른 말로 紙幣(しへい, 시헤-)라고도 한다.

☑ **小銭(こぜに)**　　　　　　동전
코제니
　tip 다른 말로 硬貨(こうか, 코-까)라고도 한다.

☑ **小切手(こぎって)**　　　　수표
코깃떼

☑ **手形(てがた)**　　　　　　어음
테가따

5. 우체국

☑ **郵便局(ゆうびんきょく)**　　우체국
유-빙꾜꾸

☑ **郵便屋(ゆうびんや)さん**　　우체부
유-빙야상

☑ **ポスト(post)**　　　　　우체통
포스또
　tip 다른 말로 郵便箱(ゆうびんばこ, 유-빔바꼬)라고도 한다.

☑ **郵便物(ゆうびんぶつ)**　　우편물
유-빔부쯔

✦ 우편물 보내기

☑ **差出人**(さしだしにん)   보내는 사람
사시다시닝

☑ **宛名**(あてな)   받는 사람
아떼나

☑ **宛先**(あてさき)   받는 곳
아떼사끼

☑ **住所**(じゅうしょ)   주소
쥬-쇼

☑ **郵便番号**(ゆうびんばんごう) 우편번호
유-빔방고-

☑ **切手**(きって)   우표
킷떼
> **tip** 관련 표현
> 우표를 붙이다　切手(きって)を貼(は)る　킷떼오 하루

✦ 여러 가지 우편물

☑ **手紙**(てがみ)   편지
테가미
> **tip** 관련 어휘
> 편지지　便箋(びんせん)　빈셍
> 봉투　封筒(ふうとう)　후-또-

☑ **手紙(てがみ)を出(だ)す**　　　편지를 보내다
테가미오 다스

> **tip** '보내다'란 뜻으로 送(おく)る(오꾸루)를 쓰지 않으므로 틀리지
> 않도록 주의한다.

☑ **葉書(はがき)**　　　엽서
하가끼

> **tip** 관련 어휘
>> 기념엽서 記念(きねん)はがき　키넹하가끼
>> 연하엽서 年賀(ねんが)はがき　넹가하가끼

☑ **小包(こづつみ)**　　　소포
코즈쯔미

☑ **書留(かきとめ)**　　　등기
카끼또메

☑ **電報(でんぽう)**　　　전보
뎀뽀−

☑ **速達(そくたつ)**　　　속달
소꾸따쯔

> **tip** 관련 어휘
>> 배편 船便(ふなびん)　후나빙
>> 항공편 航空便(こうくうびん)　코−꾸−빙

137

02 일상생활

1. 서점

☑ **書店**(しょてん)　　　　　　서점
　홍뗑

☑ **本屋**(ほんや)　　　　　　　책방
　홍야

☑ **古本屋**(ふるほんや)　　　　헌책방
　후루홍야

☑ **古本**(ふるほん)　　　　　　헌책
　후루홍

☑ **新刊**(しんかん)　　　　　　신간
　싱깡

　tip 새로 나온 책을 말한다.

☑ **文庫**(ぶんこ)　　　　　　　문고
　붕꼬

　tip 들고 다니면서 읽을 수 있는 얇고 작은 책을 말한다.

☑ **ベストセラー**(best seller)　베스트셀러
　베스또세라ー

☑ **ロングセラー(long seller)**   스테디셀러
롱구세라ー

◆ 분야별 서적

☑ **和書(わしょ)**   일본서적
와쇼

> **tip** '서적'은 書籍(しょせき, 쇼세끼)라고 한다.

☑ **洋書(ようしょ)**   외국서적
요ー쇼

☑ **社会(しゃかい)**   사회
샤까이

☑ **政治(せいじ)**   정치
세ー지

☑ **経済(けいざい)**   경제
케ー자이

> **tip** けいさい(케ー사이)라고 발음하지 않도록 주의한다.

☑ **法律(ほうりつ)**   법률
호ー리쯔

☑ **科学(かがく)**   과학
카가꾸

☑ **哲学(てつがく)**   철학
테쯔가꾸

☑ **文学**(ぶんがく)　　　　　문학
봉가꾸

☑ **芸術**(げいじゅつ)　　　　예술
게-쥬쯔

☑ **健康**(けんこう)　　　　　건강
켕꼬-

☑ **学習**(がくしゅう)　　　　학습
각쓔-

☑ **趣味**(しゅみ)　　　　　　취미
슈미

2. 빵집

☑ **パン屋**(や)　　　　　　　빵집
팡야

　　tip 다른 말로 ベーカリー(bakery, 베-까리-)라고도 한다.

✦ 여러 가지 빵

☑ **食**(しょく)**パン**　　　　식빵
쇼꾸빵

☑ **あんパン**　　　　　　　　단팥빵
암빵

☑ **クリーム(cream)パン**   크림빵
쿠리-무빵

☑ **饅頭(まんじゅう)**   찐빵
만쥬-

> **tip** 한자의 음은 '만두'지만 '찐빵'이란 뜻이다.

☑ **カステラ(castilla)**   카스텔라
카스떼라

☑ **ピザ(pizza)**   피자
피자

☑ **サンドイッチ(sandwich)**   샌드위치
산도잇찌

☑ **トースト(toast)**   토스트
토-스또

☑ **ドーナツ(doughnut)**   도넛
도-나쯔

☑ **クッキー(cookie)**   쿠키
쿡끼-

☑ **パイ(pie)**   파이
파이

☑ **ケーキ(cake)**   케이크
케-끼

☑ **ショットケーキ**　　　조각 케이크
숏또케-끼

3. 문구점

☑ **文房具屋(ぶんぼうぐや)**　　　문구점
붐보-구야

◆ 문구

☑ **文房具(ぶんぼうぐ)**　　　문구
붐보-구

　　tip 일본에서는 문구를 '문방구'라고 한다.

☑ **消(け)しゴム**　　　지우개
케시고무

☑ **修正液(しゅうせいえき)**　　　수정액
슈-세-에끼

☑ **のり**　　　풀
노리

☑ **セロテープ**　　　셀로판테이프
세로테-뿌

☑ **はさみ**　　　가위
하사미

☑ **定規**(じょうぎ)　　　　　**자**
　죠-기

　tip　ていき(테-끼)라고 발음하지 않도록 주의한다.

☑ **ホッチキス**　　　　　**호치키스**
　홋찌끼스

☑ **色紙**(いろがみ)　　　　　**색종이**
　이로가미

☑ **鉛筆**(えんぴつ)**削**(げず)**り**　　**연필깎이**
　엠삐쯔게즈리

✦ **필기용품**

☑ **筆記用品**(ひっきようひん)　**필기용품**
　힉끼요-힝

　tip　다른 말로 書(か)き物(もの, 카끼모노)라고도 한다.

☑ **ノート**(note)　　　　　**노트**
　노-또

☑ **筆箱**(ふでばこ)　　　　　**필통**
　후데바꼬

☑ **鉛筆**(えんぴつ)　　　　　**연필**
　엠삐쯔

☑ **万年筆**(まんねんひつ)　　**만년필**
　만넹히쯔

143

☑ **ペン**(pen)   펜
펭

☑ **シャーペン**   샤프(펜슬)
샤-뼁

> **tip** シャープペンシル(샤-뿌펜시루)의 줄임말이다.

☑ **ボールペン**   볼펜
보-루뼁

> **tip** 장음에 주의하여 발음한다.

☑ **蛍光**(けいこう)**ペン**   형광펜
케-꼬-뼁

4. 사진관

☑ **写真屋**(しゃしんや)   사진관
샤싱야

> **tip** 다른 말로 写真館(しゃしんかん, 샤싱깡)이라고도 한다.

☑ **写真屋**(しゃしんや)**さん**   사진사
샤싱야상

> **tip** 이 단어는 '사진관'의 뜻으로도 쓰인다.

☑ **写真**(しゃしん)   사진
샤싱

> **tip** 다른 말로 フォト(photo, 훠또)라고도 한다.

☑ **撮影(さつえい)**   **촬영**
사쯔에-

> **tip** 관련 표현
> 사진을 찍다 写真(しゃしん)を撮(と)る 샤싱오 토루

✦ 여러 가지 카메라

☑ **カメラ(camera)**   **카메라**
카메라

☑ **デジカメ**   **디카**
데지카메

> **tip** デジタルカメラ(데지따루카메라)의 줄임말이다.

☑ **使(つか)い捨(す)てカメラ**   **1회용 카메라**
츠까이스떼카메라

> **tip** 使(つか)い捨(す)て(츠까이스떼)는 쓰고 버린다는 뜻이다.

☑ **ムービーカメラ**   **캠코더**
무-비-카메라

✦ 필름의 종류

☑ **フィルム(film)**   **필름**
휘루무

☑ **白黒(しろくろ)フィルム**   **흑백 필름**
시로꾸로휘루무

> **tip** 우리말처럼 黒白 (くろしろ, 쿠로시로)라고 하지 않는다.

- ☑ **カラー(color)フィルム**　　　칼라 필름
  카라-휘루무

- ☑ **セピア(sepia)**　　　세피아 (필름)
  세삐아

  tip 색이 바란 듯한 효과를 내는 갈색 필름을 말한다.

♦ 사진 만들기

- ☑ **現像(げんぞう)**　　　현상
  겐조-

- ☑ **焼(や)き付(つ)け**　　　인화
  야끼쯔께

- ☑ **焼(や)き増(ま)し**　　　추가 인화
  야끼마시

  tip 인화한 사진을 몇 장 더 추가로 뽑는 것을 말한다.

- ☑ **引(ひ)き伸(の)ばし**　　　확대
  히끼노바시

  tip 다른 말로 拡大(かくだい, 카꾸다이)라고도 한다.

5. 부동산 중개소

- ☑ **不動産屋(ふどうさんや)**　　　부동산 중개소
  후도-상야

☑ **部屋探(へやさが)し**　　　　**방 구하기**
　헤야사가시

☑ **引(ひ)っ越(こ)し**　　　　　**이사**
　힉꼬시

☑ **入居(にゅうきょ)**　　　　　**입주**
　뉴-꾜

♦ 형태와 구조

☑ **木造(もくぞう)**　　　　　　**목조**
　모꾸조-

☑ **鉄筋(てっきん)コンクリート**　**철근 콘크리트**
　텍낑콩꾸리-또

☑ **和室(わしつ)**　　　　　　　**일본식 방**
　와시쯔

　　tip 바닥이 畳(たたみ, 타따미)로 된 방이다.

☑ **洋室(ようしつ)**　　　　　　**서양식 방**
　요-시쯔

　　tip 바닥이 フローリング(flooring, 후로-링구) 즉, 마루로 시공된
　　　　방을 말한다.

☑ **間取(まど)り**　　　　　　　**방 배치**
　마도리

　　tip 여기서 間(ま, 마)는 '방'을 가리킨다.

☑ **南向(みなみむ)き**
미나미무끼

남향

☑ **日当(ひあ)たり**
히아따리

채광

✦ 계약하기

☑ **賃貸(ちんたい)**
친따이

임대

☑ **買取(かいとり)**
카이또리

매매

☑ **大家(おおや)さん**
오-야상

셋집 주인

☑ **礼金(れいきん)**
레-낑

사례금

> **tip** 부동산 중개인에게 사례로 주는 돈으로, 돌려받지 못한다.

☑ **敷金(しききん)**
시끼낑

보증금

☑ **保証人(ほしょうにん)**
호쇼-닝

보증인

☑ **家賃(やちん)**
야찡

집세

 **정보 통신**

1. 전화

☑ **電話**(でんわ)　　　　　　　**전화**
　뎅와

　tip 다른 말로 テレホン(telephone, 테레홍)이라고도 한다.

☑ **電話機**(でんわき)　　　　　**전화기**
　뎅와끼

☑ **コードレス**(codeless)　　　**무선전화기**
　코-도레스

　tip コードレス電話機(でんわき, 코-도레스뎅와끼)의 줄임말이다.

♦ 전화하기

☑ **受話器**(じゅわき)　　　　　**수화기**
　쥬와끼

☑ **信号音**(しんごうおん)　　　**신호음**
　싱고-옹

☑ **電話帳**(でんわちょう)　　　**전화번호부**
　뎅와쬬-

　tip 다른 말로 イエローページ(yellow page, 이에로-페-지)라고
　도 한다.

☑ **電話番号**(でんわばんごう)   전화번호
뎅와방고-

tip 관련 어휘
국가 번호 国番号(くにばんごう) 쿠니방고-
지역 번호 地域番号(ちいきばんごう) 치이끼방고-
국번 局番(きょくばん) 교꾸방

☑ **テレホンカード**(telephone card) 전화카드
테레홍카-도

tip 회화에서는 줄여서 テレカ(테레까)라고 한다.

◆ 여러 가지 전화

☑ **公衆電話**(こうしゅうでんわ)   공중전화
코-슈-뎅와

☑ **携帯電話**(けいたいでんわ)   휴대전화
케-따이뎅와

tip 회화에서는 줄여서 携帯(けいたい, 케-따이)라고 한다.
휴대전화의 사용과 관련된 어휘는 다음과 같다.
착신 멜로디 着信(ちゃくしん)メロディー 챠심메로디-
전파 電波(でんぱ) 뎀빠
배터리 バッテリー(battery) 밧떼리-

☑ **市内電話**(しないでんわ)   시내전화
시나이뎅와

☑ **市外電話**(しがいでんわ)   시외전화
시가이뎅와

☑ **国際電話**(こくさいでんわ)　　　국제전화
　콕싸이뎅와

☑ **内線電話**(ないせんでんわ)　　　내선전화
　나이센뎅와

☑ **緊急電話**(きんきゅうでんわ)　　긴급전화
　킹뀨-뎅와

　　tip 보통 110番(ひゃくとおばん, 햐꾸또-방)이라고 한다.

☑ **留守番電話**(るすばんでんわ)　　자동응답전화
　루스반뎅와

　　tip 보통 줄여서 留守電(るすでん, 루스뎅)이라고 한다.
　　자동응답기에 남기는 말은 다음과 같다.
　　전언, 전할 말 伝言(でんごん) 뎅공
　　용건 用件(ようけん) 요-껭
　　메시지 メッセージ(message) 멧쎄-지
　　메모 メモ(memo) 메모

☑ **コレクトコール**(collect call)　　컬렉트콜
　코레꾸또코-루

　　tip 받는 이가 전화요금을 부담하는 '수신자부담전화'를 말한다.

☑ **フリーダイアル**(free dial)　　　무료전화
　후리-다이아루

　　tip 우리나라는 080이지만, 일본은 0120이다.

☑ **間違**(まちが)**い電話**(でんわ)　　잘못 걸린 전화
　마찌가이뎅와

☑ **いたずら電話**(でんわ)　　　장난 전화
이따즈라뎅와

　　tip 보통 줄여서 いた電(でん, 이따뎅)이라고 한다.

2. 컴퓨터

☑ **コンピューター**(computer)　컴퓨터
콤쀼-따-

☑ **パソコン**(personal computer)　퍼스널 컴퓨터
파소콩

　　tip パーソナルコンピューター(파-소나루 콤쀼-따-)의 줄임말이다.

☑ **ノートパソコン**　　　　노트북
노-또파소콩

　　tip 다른 말로 ノートブック(notebook, 노-또북꾸)라고도 한다.

♦ 하드웨어

☑ **ハードウェア**(hardware)　하드웨어
하-도웨아

☑ **本体**(ほんたい)　　　　본체
혼따이

☑ **モニター**(monitor)　　　모니터
모니따-

152

☑ **キーボード**(keyboard)　　　키보드
　키-보-도

☑ **マウス**(mouse)　　　　　　마우스
　마우스

☑ **スピーカー**(speaker)　　　스피커
　스삐-까-

☑ **ネット回線**(かいせん)　　　인터넷 회선
　넷또카이셍

◆ **소프트웨어**

☑ **ソフトウェア**(software)　　소프트웨어
　소후또웨아

☑ **マニュアル**(manual)　　　매뉴얼
　마뉴아루
　　tip 사용설명서를 뜻하는 말이다.

☑ **仕様**(しよう)　　　　　　사양
　시요-

☑ **メモリ**(memory)　　　　　메모리
　메모리
　　tip 다른 말로 '용량' 즉, 容量(ようりょう, 요-료-)라고도 한다.

☑ **プログラム**(program)　　　프로그램
　푸로구라무

☑ **データ**(data) 　　　　　　　　데이터
데-따

☑ **ファイル**(file) 　　　　　　　파일
화이루

◆ 컴퓨터 트러블

☑ **ウイルス**(virus)**にかかる** 　　바이러스에 걸리다
우이루스니 카까루

　tip　'바이러스'는 ウイルス(virus, 우이루스)라고 한다. 우리말처럼 バイルス(바이루스)라고 발음하지 않도록 주의한다.

☑ **固**(かた)**まる** 　　　　　　　다운되다
카따마루

☑ **文字**(もじ)**が化**(ば)**ける** 　글자가 깨지다
모지가 바께루

　tip　'글자 깨짐'은 文字化(もじば)け(모지바께)라고 한다.

3. 인터넷

☑ **インターネット**(internet) 　인터넷
인따-넷또

　tip　관련 어휘
　　　접속　アクセス(access) 악쎄스
　　　검색　検索(けんさく) 켄사꾸

154

✦ 인터넷 용어

☑ **ウェブ**(web)   웹
   웨부

☑ **ブログ**(blog)   블로그
   부로구

☑ **コンテンツ**(contents)   콘텐츠
   콘뗀쯔

☑ **メッセンジャー**(messanger)   메신저
   멧쎈쟈-

> **tip** 읽는 법이 어려우므로 주의하여 발음한다.

☑ **ツールバー**(tool bar)   툴바
   츠-루바-

> **tip** 읽는 법이 어려우므로 주의하여 발음한다.

☑ **ドメイン**(domain)   도메인
   도메잉

☑ **ユーザー**(user)   유저, 사용자
   유-자-

> **tip** 두 군데 들어가는 장음에 주의한다.

✦ 인터넷 사이트

☑ **サイト**(site)   사이트
   사이또

- ☑ **ホームページ**(homepage)　　홈페이지
  호-무페-지

- ☑ **スタートページ**(start page)　시작 페이지
  스따-또페-지

- ☑ **ログイン**(log in)　　로그인
  로구잉

- ☑ **ログアウト**(log out)　로그아웃
  로구아우또

- ☑ **ヘルプ**(help)　　도움말
  헤루뿌

- ☑ **ダウンロード**(download)　다운로드
  다운로-도

- ☑ **かきこ**　　댓글, 리플
  카끼꼬

  tip 가타카나로 표기하는 경우도 많다.

- ☑ **画像**(がぞう)　　사진
  가조-

  tip 인터넷에서는 이 표현을 쓰므로 잘 알아둔다.

- ☑ **動画**(どうが)　　동영상
  도-가

  tip '움직이는 그림'이라는 뜻으로, 우리나라와 표현이 다르므로 주의
  한다.

156

4. 메일

☑ **イ・メール**(E mail) 이메일
이메-루

> **tip** 보통 メール(mail, 메-루)라고 하는데, 원래는 '전자메일' 즉,
> 電子(でんし)メール(덴시메-루)라고 한다.

◆ 메일 확인

☑ **メールアドレス**(mail address) 메일 주소
메-루아도레스

☑ **受信箱**(じゅしんばこ) 받은 편지함
쥬심바꼬

☑ **送信箱**(そうしんばこ) 보낸 편지함
소-심바꼬

☑ **ゴミ箱**(ばこ) 휴지통
고미바꼬

☑ **新着**(しんちゃく)**メール** 새로 온 편지
신쨔꾸메-루

☑ **未読**(みどく)**メール** 안 읽은 편지
미도꾸메-루

☑ **迷惑**(めいわく)**メール** 스팸 메일
메-와꾸메-루

◆ 메일 보내기

☑ 写(しゃ)メール 　　　　사진 메일
샤메-루

　tip　写真(しゃしん)メール(샤심메-루)의 줄임말이다.

☑ メル友(とも) 　　　　메일 친구
메루또모

　tip　메일을 주고받는 친구를 뜻하는 말로, メル友達(ともだち, 메루또모다찌)의 줄임말이다.

☑ 顔文字(かおもじ) 　　　　이모티콘
카오모지

　tip　이모티콘이 사람의 얼굴 모양이나 표정을 나타내므로, 일본에서는 '얼굴 문자'란 뜻의 표현을 쓴다.

5. 텔레비전

☑ テレビ 　　　　텔레비전
테레비

　tip　テレビジョン(television, 테레비죵)의 줄임말이다.

☑ 放送局(ほうそうきょく) 　　　　방송국
호-소-꾜꾸

　tip　다른 말로 テレビ局(きょく, 테레비꾜꾸)라고도 한다.

✦ TV 프로그램

☑ **番組**(ばんぐみ)　　　　　　　프로그램
　방구미

☑ **チャンネル**(channel)　　　　　채널
　챤네루

　　tip 우리말과 표현이 다르므로 주의한다.

☑ **コマーシャル**　　　　　　　광고, CF
　코마-샤루

　　tip 다른 말로 CM(シーエム, 시-에무)라고도 한다.

☑ **放送**(ほうそう)　　　　　　　방송
　호-소-

　　tip 관련 어휘
　　　생방송 生放送(なまほうそう) 나마호-소-
　　　녹화방송 録画放送(ろくがほうそう) 로꾸가호-소-

☑ **中継**(ちゅうけい)　　　　　　중계
　츄-께-

　　tip 관련 어휘
　　　생중계 生中継(なまちゅうけい) 나마츄-께-
　　　녹화중계 録画中継(ろくがちゅうけい) 로꾸가츄-께-

✦ 프로그램의 종류

☑ **ドラマ**(drama)　　　　　　　드라마
　도라마

☑ **ニュース**(news)　　　　　　　뉴스
　뉴-스
　tip 가운데 들어가는 장음에 주의한다.

☑ **スポーツ**(sports)　　　　　　스포츠
　스뽀-쯔

☑ **ドキュメンタリー**(documentary)　다큐멘터리
　도뀨멘따리-
　tip 줄여서 ドキュ(도뀨)라고도 한다.

☑ **バラエティー**(variety)　　　　버라이어티
　바라에띠-
　tip 읽는 법이 어려우므로 주의하여 발음한다.

☑ **お笑(わら)い**　　　　　　　개그, 코미디
　오와라이
　tip 다른 말로 コメディー(comedy, 코메디-)라고도 한다.

☑ **ミュージック**(music)　　　　음악, 뮤직
　뮤-직꾸

☑ **情報(じょうほう)**　　　　　정보
　죠-호-

☑ **教育(きょういく)**　　　　　교육
　쿄-이꾸

☑ **時事(じじ)**　　　　　　　　시사
　지지

Japanese Vocabulary

08 병원과 약국

01 병원

1. 병원에서

☑ **病院**(びょういん)　　　　　　병원
　보-잉
　tip 관련 어휘
　　종합병원 **総合病院**(そうごうびょういん)　소-고-뵤-잉
　　대학병원 **大学病院**(だいがくびょういん)　다이가꾸뵤-잉
　　전문병원 **専門病院**(せんもんびょういん)　셈몸뵤-잉

☑ **医院**(いいん)　　　　　　의원
　이잉

☑ **保健所**(ほけんじょ)　　　　보건소
　호껜죠

♦ 병원 시설

☑ **病棟**(びょうとう)　　　　　　병동
　뵤-또-

☑ **病室**(びょうしつ)　　　　　　병실
　뵤-시쯔

☑ **診察室**(しんさつしつ)　　　진찰실
　신사쯔시쯔

☑ **注射室**(ちゅうしゃしつ)　　　주사실
츄-샤시쯔

☑ **手術室**(しゅじゅつしつ)　　　수술실
슈쥬쯔시쯔

☑ **入院室**(にゅういんしつ)　　　입원실
뉴-인시쯔

☑ **靈安室**(れいあんしつ)　　　　영안실
레-안시쯔

2. 환자 · 의사

✦ 환자

☑ **患者**(かんじゃ)　　　　　　　환자
칸쟈

　　tip　다른 말로 病人(びょうにん, 뵤-닝)이라고도 한다.

[환자의 종류]

☑ **外来患者**(がいらいかんじゃ)　외래 환자
가이라이칸쟈

☑ **入院患者**(にゅういんかんじゃ)　입원 환자
뉴-잉칸쟈

163

✦ 의사

☑ **医者**(いしゃ)　　　　　　　　의사
이샤

☑ **お医者**(いしゃ)**さん**　　　　의사선생님
오이샤상

　tip 직접 의사를 부를 때는 先生(せんせい, 센세-)라고 한다.

☑ **インターン**(intern)　　　　인턴
인따앙

　tip 다른 말로 '실습생'이라고도 한다.

☑ **レジデント**(resident)　　　레지던트
레지덴또

　tip 다른 말로 '전문의'라고도 한다.

☑ **看護婦**(かんごふ)　　　　　간호사
캉고후

　tip 간호사를 부를 때는 看護婦(かんごふ)さん(캉고후상)이라고
　한다.

[의사의 종류]

☑ **外科医**(げかい)　　　　　　외과 의사
게까이

☑ **内科医**(ないかい)　　　　　내과 의사
나이까이

☑ **歯医者**(はいしゃ)**さん**   치과 의사
하이샤상

☑ **漢方医**(かんぽうい)   한의사
캄뽀-이

☑ **開業医**(かいぎょうい)   개업의
카이교-이

3. 진료과목

☑ **診療科目**(しんりょうかもく)   진료과목
신료-카모꾸

☑ **外科**(げか)   외과
게까
> **tip** がいか(가이까)라고 읽지 않도록 주의한다.

☑ **内科**(ないか)   내과
나이까

☑ **皮膚科**(ひふか)   피부과
히후까

☑ **眼科**(がんか)   안과
강까

☑ **歯科**(しか)   치과
시까

- ☑ **耳鼻咽喉科(じびいんこうか)** 이비인후과
  지비잉꼬–까

- ☑ **小児科(しょうにか)** 소아과
  쇼–니까

- ☑ **産婦人科(さんふじんか)** 산부인과
  상후징까

- ☑ **整形外科(せいけいげか)** 정형외과
  세–께–게까

- ☑ **形成外科(けいせいげか)** 성형외과
  케–세–게까

  tip 다른 말로 美容外科(びようげか, 비요–게까)라고도 한다.

- ☑ **泌尿器科(ひにょうきか)** 비뇨기과
  히뇨–끼까

4. 진찰 · 진단

◆ 진찰

- ☑ **診察(しんさつ)** 진찰
  신사쯔

- ☑ **診療(しんりょう)** 진료
  신료–

☑ **外来(がいらい)**   외래
가이라이

☑ **初診(しょしん)**   초진
쇼싱

☑ **再診(さいしん)**   재진
사이싱

[진찰 받기]

☑ **診(み)てもらう**   진찰을 받다
미떼 모라우

☑ **診察券(しんさつけん)**   진찰권
신사쯔껭

☑ **健康保険証(けんこうほけんしょう)**   건강보험증
켕꼬-호껜쇼-

    tip 보통 줄여서 保険証(ほけんしょう, 호껜쇼-)라고 한다.

☑ **カルテ**   진료카드
카루떼

    tip 의사가 갖고 있는 환자의 진료기록카드를 말한다.

☑ **聴診器(ちょうしんき)**   청진기
쵸-싱끼

☑ **診察台(しんさつだい)**   진찰대
신사쯔다이

167

◆ 진단

☑ **診断**(しんだん)　　　　　　진단
　　신당

☑ **健康診断**(けんこうしんだん)　건강진단
　　켕꼬−신당

☑ **診断書**(しんだんしょ)　　　진단서
　　신단쇼

5. 검사 · 치료

◆ 검사

☑ **検査**(けんさ)　　　　　　　검사
　　켄사

☑ **検診**(けんしん)　　　　　　검진
　　켄싱

[여러 가지 검사]

☑ **血圧**(けつあつ)　　　　　　혈압
　　케쯔아쯔

☑ **尿**(にょう)　　　　　　　　오줌, 소변
　　뇨−

☑ **血液**(けつえき)　　　　**혈액**
　케쯔에끼
　　tip 관련 어휘
　　　헌혈 献血(けんけつ) 켕께쯔
　　　수혈 受血(じゅけつ) 쥬께쯔

☑ **レントゲン**　　　　**엑스레이**
　렌또겡

☑ **遺伝子**(いでんし)　　　**유전자**
　이덴시

☑ **超音波**(ちょうおんぱ)　　**초음파**
　쵸—옴빠

◆ **치료**

☑ **治療**(ちりょう)　　　**치료**
　치료—
　　tip 관련 어휘
　　　약물치료 薬物治療(やくぶつちりょう) 야꾸부쯔치료—
　　　재활치료 リハビリー治療(ちりょう) 리하비리—치료—
　　　통원치료 通院治療(つういんちりょう) 츠—인치료—

☑ **注射**(ちゅうしゃ)　　　**주사**
　쮸—샤

☑ **麻酔**(ますい)　　　**마취**
　마스이

☑ **手術**(しゅじゅつ)　　　　　수술
슈쥬쯔
　　tip 다른 말로 オペ(오뻬)라고도 한다.

✦ 입원

☑ **入院**(にゅういん)　　　　　입원
뉴-잉

☑ **退院**(たいいん)　　　　　퇴원
타이잉

☑ **容態**(ようだい)　　　　　병세
요-다이
　　tip ようたい(요-따이)라고도 읽는다.

☑ **後遺症**(こういしょう)　　　후유증
코-이쇼-

☑ **看病**(かんびょう)　　　　간병
캄뵤-
　　tip '간병인'은 看病人(かんびょうにん, 캄뵤-닝)이라고 한다.

☑ **お見舞**(みま)**い**　　　　　문병
오미마이
　　tip 항상 앞에 お(오)를 붙여서 말한다.

☑ **お見舞**(みま)**いに行**(い)**く**　　문병 가다
오미마이니 이꾸

6. 병·증상

◆ 병

☑ **病気(びょうき)**　　　　　**병**
　보-끼

> **tip** 관련 표현
>
> 병에 걸리다　病気(びょうき)にかかる　보-끼니 카카루
> 병이 낫다　病気(びょうき)が治(なお)る　보-끼가 나오루
> 병을 고치다　病気(びょうき)を治(なお)す　보-끼오 나오스

[여러 가지 병]

☑ **心臓病(しんぞうびょう)**　　　**심장병**
　신조-뵤-

☑ **白血病(はっけつびょう)**　　　**백혈병**
　학께쯔뵤-

☑ **糖尿病(とうにょうびょう)**　　**당뇨병**
　토-뇨-뵤-

☑ **脳卒中(のうそっちゅう)**　　　**뇌졸중**
　노-솟쮸-

☑ **結核(けっかく)**　　　　　**결핵**
　켁까꾸

☑ **潰瘍(かいよう)**　　　　　**궤양**
　까이요-

171

☑ **痙攣**(けいれん)　　　　　경련
　케-렝

☑ **発作**(ほっさ)　　　　　발작
　홋싸

☑ **麻痺**(まひ)　　　　　마비
　마히
　tip 관련 어휘
　　　신경마비　神経麻痺(しんけいまひ)　싱께-마히
　　　전신마비　全身麻痺(ぜんしんまひ)　젠싱마히

[암에 관하여]

☑ **癌**(がん)　　　　　암
　강
　tip 한자보다는 가타카나(ガン)로 표기하는 경우가 많다.

☑ **腫瘍**(しゅよう)　　　　　종양
　슈요-
　tip 관련 어휘
　　　악성　悪性(あくせい)　악세-
　　　만성　慢性(まんせい)　만세-

☑ **胃**(い)**ガン**　　　　　위암
　이강

☑ **肝**(かん)**ガン**　　　　　간암
　캉강

172

☑ **肺(はい)ガン** 폐암
하이강

☑ **乳(にゅう)ガン** 유방암
뉴-강

☑ **大腸(だいちょう)ガン** 대장암
다이쬬-강

☑ **子宮(しきゅう)ガン** 자궁암
시뀨-강

♦ **증상**

☑ **症状(しょうじょう)** 증상
쇼-죠-

> **tip** 다른 말로 病状(びょうじょう, 뵤-죠-)라고도 한다.

[여러 가지 증상]

☑ **風邪(かぜ)** 감기
카제

> **tip** 관련 표현
> 감기에 걸리다 風邪(かぜ)をひく 카제오 히꾸

☑ **せき** 기침
세끼

> **tip** 관련 표현
> 기침하다 せきをする 세끼오 스루

173

- ☑ **たん** 가래
  탕

- ☑ **くしゃみ** 재채기
  쿠샤미

  tip 관련 표현
  재채기하다 くしゃみをする 쿠샤미오 스루

- ☑ **鼻水(はなみず)** 콧물
  하나미즈

- ☑ **鼻(はな)づまり** 코막힘
  하나즈마리

  tip 관련 표현
  코가 막히다 鼻(はな)がつまる 하나가 츠마루

- ☑ **寒気(さむけ)** 오한, 한기
  사무께

  tip 관련 표현
  한기가 들다 寒気(さむけ)がする 사무께가 스루

- ☑ **高熱(こうねつ)** 고열
  코-네쯔

- ☑ **高血圧(こうけつあつ)** 고혈압
  코-께쯔아쯔

- ☑ **低血圧(ていけつあつ)** 저혈압
  테-께쯔아쯔

174

☑ **アレルギー**(allergy)　　　　　알레르기
아레루기-

☑ **ノイローゼ**(neurose)　　　　　노이로제
노이로-제

☑ **ストレス**(stress)　　　　　스트레스
스또레스

☑ **うつ病**(びょう)　　　　　우울증
우쯔뵤-

　　tip　ゆううつ病(びょう, 유-우쯔뵤-)의 줄임말이다.

☑ **冷**(ひ)**や汗**(あせ)　　　　　식은 땀
히야아세

☑ **過労**(かろう)　　　　　과로
카로-

☑ **めまい**　　　　　현기증
메마이

　　tip　관련 표현
　　　현기증이 나다　めまいがする　메마이가 스루

☑ **貧血**(ひんけつ)　　　　　빈혈
힝께쯔

☑ **充血**(じゅうけつ)　　　　　충혈
쥬-께쯔

175

☑ **鼻血(はなぢ)**　　　　　　　　코피
　　하나지

> **tip** 관련 표현
> 코피가 나다　鼻血(はなぢ)が出(で)る　하나지가 데루

☑ **花粉症(かふんしょう)**　　　　꽃가루 병
　　카훈쇼-

> **tip** 여기서 花粉(かふん, 카훙)은 '꽃가루'를 뜻한다.

☑ **かゆみ**　　　　　　　　　　가려움증
　　카유미

> **tip** '가렵다'는 かゆい(카유이)라고 한다.

☑ **むかつき**　　　　　　　　　메슥거림
　　무까쯔끼

☑ **胃(い)もたれ**　　　　　　　소화불량
　　이모따레

> **tip** もたれる(모따레루)는 '속이 더부룩하다'란 뜻이다.

☑ **食(しょく)あたり**　　　　　식중독
　　쇼꾸아따리

☑ **吐気(はきけ)**　　　　　　　구토
　　하끼께

> **tip** 관련 표현
> 토할 것 같다　吐気(はきけ)がする　하끼께가 스루

☑ **下痢(げり)**　　　　　　　　설사
　　게리

☑ **便秘**(べんぴ)　　　　　　　변비
　벰삐

◆ 염증

☑ **炎症**(えんしょう)　　　　　염증
　엔쇼-

> **tip** 관련 표현
>
> 염증이 생기다　炎症(えんしょう)ができる　엔쇼-가 데끼루
> 염증이 가라앉다　炎症(えんしょう)がおさまる　엔쇼-가 오사마루

[여러 가지 염증]

☑ **胃炎**(いえん)　　　　　　　위염
　이엥

☑ **肺炎**(はいえん)　　　　　　폐렴
　하이엥

☑ **腸炎**(ちょうえん)　　　　　장염
　쵸-엥

☑ **肝炎**(かんえん)　　　　　　간염
　캉엥

☑ **皮膚炎**(ひふえん)　　　　　피부염
　히후엥

☑ **気管支炎**(きかんしえん)　　기관지염
　키깐시엥

177

7. 상처 · 통증

◆ 상처

☑ **怪我(けが)**   상처
   케가

> **tip** 관련 표현
> 상처가 나다 　怪我(けが)をする　케가오 스루
> 상처를 입다 　傷(きず)を負(お)う　키즈오 오우

☑ **傷口(きずぐち)**   상처 자리
   키즈구찌

☑ **傷跡(きずあと)**   상처 자국
   키즈아또

☑ **たこ**   딱지
   타꼬

☑ **かさ**   종기, 부스럼
   카사

> **tip** 다른 말로 できもの(데끼모노)라고도 한다.

[여러 가지 상처]

☑ **擦(す)り傷(きず)**   찰과상
   스리끼즈

> **tip** 피부 표면을 가볍게 긁힌 상처를 말한다.

☑ **打(ぅ)ち傷(きず)**　　　　　타박상
우찌끼즈

　tip 단단한 것에 부딪힌 상처를 말한다.

☑ **切(き)り傷(きず)**　　　　　베인 상처
키리끼즈

　tip 칼이나 가위 등의 날카로운 것에 베인 상처를 말한다.

☑ **刺(さ)し傷(きず)**　　　　　찔린 상처
사시끼즈

　tip 가시나 송곳 등의 뾰족한 것에 찔린 상처를 말한다.

☑ **虫刺(むしさ)され**　　　　　물린 상처
무시사사레

　tip 모기나 벌레 등에 물린 상처를 말한다. 참고로, '벌레에 물리
　　　다'는 虫(むし)に刺(さ)される(무시니 사사레루)라고 한다.

☑ **火傷(やけど)**　　　　　화상
야께도

　tip 관련 표현
　　　화상을 입다　火傷(やけど)をする　야께도오 스루

♦ **통증**

☑ **痛(いた)み**　　　　　통증
이따미

　tip '아프다'란 뜻인 痛(いた)い(이따이)의 명사형이다.

179

[여러 가지 통증]

☑ **頭痛(ずつう)**   두통
　즈쯔―

☑ **胃痛(いつう)**   위통
　이쯔―

☑ **腹痛(ふくつう)**   복통
　후꾸쯔―

☑ **腹(はら)を壊(こわ)す**   배탈이 나다
　하라오 코와스

　tip 腹(はら, 하라) 대신에 おなか(오나까)도 쓰인다.

☑ **腰痛(ようつう)**   요통
　요―쯔―

☑ **神経痛(しんけいつう)**   신경통
　싱께―쯔―

☑ **虫歯(むしば)**   충치
　무시바

　tip 관련 어휘
　　　앞니　前歯(まえば)　마에바
　　　어금니　奥歯(おくば)　오꾸바
　　　사랑니　親知(おやし)らず　오야시라즈

☑ **骨折(こっせつ)**   골절
　콧쎄쯔

☑ **脱臼(だっきゅう)**
닥뀨—
탈구

☑ **捻挫(ねんざ)**
넨자
삠

☑ **肩凝(かたこ)り**
카따꼬리
어깨 결림

♦ 기타 질환

☑ **水虫(みずむし)**
미즈무시
무좀

☑ **湿疹(しっしん)**
싯씽
습진

☑ **痔疾(じじつ)**
지지쯔
치질

　tip 보통 痔(じ, 지)라고 줄여서 말한다.

☑ **靴(くつ)ずれ**
쿠쯔즈레
짓무름

 **약국**

1. 약국에서

☑ **薬局**(やっきょく)　　　　　　**약국**
약꾜꾸

> **tip** 회화에서는 薬屋(くすりや, 쿠스리야)를 더 많이 쓴다.

☑ **薬師**(やくし)　　　　　　　**약사**
야꾸시

☑ **薬**(くすり)を飲(の)む　　　　**약을 먹다**
쿠스리오 노무

> **tip** 관련 어휘
> 식사 전　食前(しょくぜん)　쇼꾸젱
> 식사 후　食後(しょくご)　쇼꾸고

✦ 약의 조제

☑ **調剤**(ちょうざい)　　　　　　**조제**
쵸–자이

☑ **効**(き)き目(め)　　　　　　　**효능**
키끼메

> **tip** 관련 표현
> 효능이 좋다　効(き)き目(め)が速(はや)い　키끼메가 하야이

☑ **処方(しょほう)** 처방
소호-

☑ **処方(しょほう)せん** 처방전
소호-셍

☑ **作用(さよう)** 작용
사요-

tip さくよう(사꾸요-)라고 발음하지 않도록 주의한다.

☑ **副作用(ふくさよう)** 부작용
후꾸사요-

2. 약의 형태

☑ **薬(くすり)** 약
쿠스리

tip 관련 어휘
약품 薬品(やくひん) 야꾸힝
의약품 医薬品(いやくひん) 이야꾸힝

☑ **水薬(みずぐすり)** 물약
미즈구스리

☑ **錠剤(じょうざい)** 알약
죠-자이

tip 다른 말로 '정제'라고도 한다.

☑ **粉薬(こなぐすり)**　　　　가루약
　코나구스리

☑ **内服薬(ないふくやく)**　　　내복약
　나이후꾸야꾸

☑ **飲(の)み薬(ぐすり)**　　　　마시는 약
　노미구스리
　tip 관련 어휘
　　　드링크제　ドリンク剤(ざい)　도링꾸자이
　　　비타민제　ビタミン剤(ざい)　비따민자이

☑ **付(つ)け薬(ぐすり)**　　　　붙이는 약
　츠께구스리
　tip 관련 어휘
　　　반창고　絆創膏(ばんそうこう)　반소−꼬−
　　　파스　湿布(しっぷ)　십뿌

☑ **塗(ぬ)り薬(ぐすり)**　　　　바르는 약
　누리구스리
　tip 관련 어휘
　　　연고　軟膏(なんこう)　낭꼬−

3. 여러 가지 약

☑ **処方薬(しょほうやく)**　　　처방약
　쇼호−야꾸

☑ **大衆薬**(たいしゅうやく)　　　시판약
타이슈-야꾸

> **tip** 처방전 없이도 살 수 있는 약으로, 일본에서는 시판약을 '대중약'이라고 한다.

☑ **風邪薬**(かぜぐすり)　　　감기약
카제구스리

☑ **胃薬**(いぐすり)　　　위장약
이구스리

> **tip** 다른 말로 胃腸薬(いちょうやく, 이쬬-야꾸)라고도 한다.

☑ **うがい薬**(ぐすり)　　　양치약
우가이구스리

> **tip** 일종의 구강청결제와 같은 것이다.

☑ **目薬**(めぐすり)　　　안약
메구스리

☑ **便秘薬**(べんぴやく)　　　변비약
벰삐야꾸

☑ **漢方薬**(かんぽうやく)　　　한약
캄뽀-야꾸

☑ **鎮痛剤**(ちんつうざい)　　　진통제
친쯔-자이

☑ **解熱剤**(げねつざい)　　　해열제
게네쯔자이

- ☑ **消化剤**(しょうかざい) 소화제
  쇼-까자이

- ☑ **睡眠剤**(すいみんざい) 수면제
  스이민자이

- ☑ **虫下**(むしく)**だし** 회충약
  무시꾸다시

- ☑ **下痢止**(げりど)**め** 지사제
  게리도메

- ☑ **酔**(よ)**い止**(ど)**め** 멀미약
  요이도메

  tip 숙취해소용 약을 뜻하기도 한다.

- ☑ **せき止**(ど)**め** 기침약
  세끼도메

Japanese Vocabulary

학교에서

1. 교육 · 학교

☑ **教育**(きょういく) 교육
  쿄-이꾸

☑ **義務教育**(ぎむきょういく) 의무 교육
  기무꾜-이꾸

☑ **文部科学省**(もんぶかがくしょう) 문부과학성
  몸부카각쑈-
  tip 우리나라의 교육인적자원부에 해당한다.

♦ 교육기관

☑ **保育園**(ほいくえん) 어린이집
  호이꾸엥

☑ **幼稚園**(ようちえん) 유치원
  요-찌엥

☑ **学校**(がっこう) 학교
  각꼬
  tip 관련 어휘
    국립 **国立**(こくりつ) 코꾸리쯔

공립 公立(こうりつ) 코-리쯔
시립 市立(しりつ) 시리쯔
사립 私立(しりつ) 시리쯔

☑ **小学校(しょうがっこう)** 초등학교

쇼-각꼬-

　tip 줄여서 小学(しょうがく, 쇼-가꾸)라고도 한다.

☑ **中学校(ちゅうがっこう)** 중학교

츄-각꼬-

　tip 줄여서 中学(ちゅうがく, 츄-가꾸)라고도 한다.

☑ **高等学校(こうとうがっこう)** 고등학교

코-또-각꼬-

　tip 일반적으로 高校(こうこう, 코-꼬-)라고 줄여서 말한다.

☑ **男子高(だんしこう)** 남자고등학교

단시꼬-

　tip 회화에서 쓰는 말로, '남고'란 뜻이다.

☑ **女子高(じょしこう)** 여자고등학교

죠시꼬-

　tip 회화에서 쓰는 말로, '여고'란 뜻이다.

☑ **共学(きょうがく)** 남녀 공학

쿄-가꾸

☑ **短期大学(たんきだいがく)** 전문대학

탕끼다이가꾸

tip 2년제 대학교를 말하며, 보통 회화에서는 줄여서 短大(たんだい, 탄다이)라고 한다.

☑ **大学**(だいがく)　　　　　　　대학교
　다이가꾸

　tip 4년제 대학교를 말하며, 校(교)를 붙이지 않는다.

☑ **大学院**(だいがくいん)　　　　대학원
　다이가꾸잉

✦ 사설 교육기관

☑ **塾**(じゅく)　　　　　　　　　보습학원
　쥬꾸

　tip 과외학원을 말하며, 방과 후에 학교 교과목의 부족한 부분을 보충으로 공부하는 학원이다.

☑ **教室**(きょうしつ)　　　　　　예능학원
　쿄-시쯔

　tip 피아노나 태권도 등의 예체능 학원을 말하며, 보통 앞에 해당 과 목명을 붙인다.

☑ **予備校**(よびこう)　　　　　　입시학원
　요비꼬-

　tip 대학 입시에 실패한 학생이 다니는 일명 '재수학원'이다.

☑ **専門学校**(せんもんがっこう)　전문학교
　셈몽각꼬-

　tip 미용, 사진 등의 전문 기술을 배우는 학교로, 자격증을 취득하 여 전문 직종으로의 취직이 목표이다.

2. 학교 시설

☑ **校舎**(こうしゃ)　　　　　　　교사
　코-샤

　tip　학교 건물을 뜻하는 말이다.

☑ **キャンパス**(campus)　　　　캠퍼스
　캄빠스

☑ **校長室**(こうちょうしつ)　　교장실
　코-쬬-시쯔

☑ **職員室**(しょくいんしつ)　　교무실
　쇼꾸인시쯔

　tip　일본에서는 교무실을 '직원실'이라고 한다.

☑ **教室**(きょうしつ)　　　　　교실
　쿄-시쯔

☑ **講義室**(こうぎしつ)　　　　강의실
　코-기시쯔

　tip　보통 대학교나 대학원에서 쓰는 말이다.

☑ **実験室**(じっけんしつ)　　　실험실
　직껜시쯔

☑ **保健室**(ほけんしつ)　　　　양호실
　호껜시쯔

　tip　일본에서는 양호실을 '보건실'이라고 한다.

☑ **運動場**(うんどうじょう)　　　　　　운동장
　　운도-죠-

☑ **体育館**(たいいくかん)　　　　　　　체육관
　　타이이꾸깡

☑ **図書館**(としょかん)　　　　　　　　도서관
　　토쇼깡

☑ **講堂**(こうどう)　　　　　　　　　　강당
　　코-도-

☑ **食堂**(しょくどう)　　　　　　　　　식당
　　쇼꾸도-

3. 학생

◆ 학생을 가리키는 말

☑ **生徒**(せいと)　　　　　　　　　　초등학생
　　세-또

☑ **学生**(がくせい)　　　　　　　중·고·대학생
　　각쎄-

☑ **年生**(ねんせい)　　　　　　　　　학년
　　넨세-

　　tip 우리나라처럼 학년(学年)이라고 하지 않으므로 주의한다.

✦ 여러 가지 학생

☑ **幼稚園生**(ようちえんせい)　　　유치원생
요-찌엔세-

> **tip** 줄여서 園生(えんせい, 엔세-) 즉, '원생'이라고도 한다.

☑ **小学生**(しょうがくせい)　　　초등학생
쇼-각쎄-

☑ **中学生**(ちゅうがくせい)　　　중학생
츄-각쎄-

☑ **高校生**(こうこうせい)　　　고등학생
코-꼬-세-

> **tip** 원래는 高等学生(こうとうがくせい, 코-또-각쎄-)라고 한다.

☑ **女子高生**(じょしこうせい)　　　여고생
죠시꼬-세-

☑ **短大生**(たんだいせい)　　　전문대생
탄다이세-

☑ **大学生**(だいがくせい)　　　대학생
다이각쎄-

☑ **大学院生**(だいがくいんせい)　　　대학원생
다이가꾸인세-

> **tip** 관련 어휘
> 석사과정 修士課程(しゅうしかてい) 슈-시카떼-
> 박사과정 博士課程(はくしかてい) 학씨카떼-

✦ 그 밖의 학생

☑ **優等生(ゆうとうせい)**　　　　　우등생
유-또-세-

☑ **落(お)ちこぼれ**　　　　　열등생
오찌꼬보레

☑ **受験生(じゅけんせい)**　　　　수험생
쥬껜세-

☑ **浪人(ろうにん)**　　　　　재수생
로-닝

　　tip '재수하다'는 浪人(ろうにん)する(로-닝스루)라고 한다.

☑ **奨学生(しょうがくせい)**　　　장학생
쇼-각쎄-

4. 선생

☑ **先生(せんせい)**　　　　　선생
센세-

　　tip '선생님'이라고 높여 부를 때도 존칭 없이 그대로 쓴다.

☑ **講師(こうし)**　　　　　강사
코-시

　　tip 대학교나 사설학원의 교사를 가리킨다.

☑ **教師**(きょうし)　　　　　　교사
　쿄-시

> **tip** 관련 어휘
>
> 가정교사　家庭教師(かていきょうし)　카떼-꾜-시

☑ **教授**(きょうじゅ)　　　　　　교수
　쿄-쥬

☑ **助教授**(じょきょうじゅ)　　　조교수
　죠꾜-쥬

☑ **校長**(こうちょう)　　　　　　교장
　코-쬬-

☑ **学長**(がくちょう)　　　　　　학장
　가꾸쬬-

> **tip** 대학교의 최고 책임자를 가리키는 말이다.

☑ **学部長**(がくぶちょう)　　　　학과장
　가꾸부쬬-

> **tip** 일본에서는 '학과'를 学部(がくぶ, 가꾸부)라고 한다.

☑ **教頭**(きょうとう)　　　　　　교감
　쿄-또-

> **tip** 일본에서는 '교감'이란 표현을 쓰지 않는다.

☑ **担任**(たんにん)　　　　　　　담임
　탄닝

5. 학교 생활

☑ **登校**(とうこう)　　　　　　　　등교
　토-꼬-

☑ **下校**(げこう)　　　　　　　　　하교
　게꼬-

☑ **部活動**(ぶかつどう)　　　　　　특별활동
　부까쯔도-
　　tip 줄여서 部活(ぶかつ, 부까쯔) 즉, '특활'이라고 한다.

◆ 출결상황

☑ **出欠**(しゅっけつ)　　　　　　　출결
　슉께쯔
　　tip 관련 표현
　　　　출결을 부르다　出欠(しゅっけつ)をとる　슉께쯔오 토루

☑ **出席**(しゅっせき)　　　　　　　출석
　슛쎄끼

☑ **欠席**(けっせき)　　　　　　　　결석
　켓쎄끼
　　tip 관련 어휘
　　　　무단 결석　無断欠席(むだんけっせき)　무당켓쎄끼

☑ **遅刻**(ちこく)　　　　　　　　　지각
　치꼬꾸

196

☑ **早退**(そうたい)
소-따이

조퇴

✦ 학교 제도

☑ **入学**(にゅうがく)
뉴-가꾸

입학

☑ **転学**(てんがく)
텡가꾸

전학

☑ **休学**(きゅうがく)
큐-가꾸

휴학

☑ **中退**(ちゅうたい)
쮸-따이

중퇴

☑ **修了**(しゅうりょう)
슈-료-

수료

☑ **卒業**(そつぎょう)
소쯔교-

졸업

✦ 여러 가지 행사

☑ **入学式**(にゅうがくしき)
뉴-가꾸시끼

입학식

☑ **卒業式**(そつぎょうしき)
소쯔교-시끼

졸업식

☑ **文化祭(ぶんかさい)**　　　　　학교 축제
붕까사이

　tip 일본에서는 학교 축제를 '문화제'라고 한다.

☑ **体育大会(たいいくたいかい)**　　체육대회
타이이꾸타이까이

　tip 다른 말로 運動会(うんどうかい, 운도−까이)라고도 한다.

☑ **遠足(えんそく)**　　　　　　소풍
엔소꾸

☑ **休(やす)み**　　　　　　　　방학
야스미

　tip 관련 어휘
　　봄방학 春休(はるやす)み　하루야스미
　　여름방학 夏休(なつやす)み　나쯔야스미
　　겨울방학 冬休(ふゆやす)み　후유야스미

☑ **修学旅行(しゅうがくりょこう)** 수학여행
슈−가꾸료꼬−

☑ **卒業旅行(そつぎょうりょこう)** 졸업여행
소쯔교−료꼬−

02 교실에서

1. 교실 내부

☑ **教室(きょうしつ)**　　　　교실
코-시쯔

☑ **クラス**(class)　　　　학급
쿠라스

> **tip** 관련 어휘
>
> 반 배정　クラス分(わ)け　쿠라스와께

☑ **組(くみ)**　　　　반
쿠미

> **tip** 학년별 교실을 말하며, 일본에서는 '1반'과 같은 숫자를 쓰지 않고 'A반, B반'과 같은 알파벳으로 나타낸다.

✦ 교실 안에서

☑ **黒板(こくばん)**　　　　칠판
코꾸방

☑ **チョーク**(chalk)　　　　분필
쵸-꾸

☑ **黒板(こくばん)ふき**　　　　칠판지우개
코꾸방후끼

199

☑ **机**(つくえ)　　　　　　　책상
　츠꾸에

☑ **椅子**(いす)　　　　　　　의자
　이스

☑ **ロッカー**(locker)　　　　사물함
　록까

☑ **教科書**(きょうかしょ)　　교과서
　쿄–까쇼

☑ **参考書**(さんこうしょ)　　참고서
　상꼬–쇼

2. 교과 과목

☑ **教科科目**(きょうかかもく)　교과 과목
　쿄–까카모꾸

◆ 초 · 중 · 고교

☑ **国語**(こくご)　　　　　　국어
　코꾸고
　　tip 관련 어휘
　　　현대문 現代文(げんだいぶん)　겐다이붕
　　　고전 古典(こてん)　코뗑

☑ **英語**(えいご)　　　　　영어
　에-고

☑ **外国語**(がいこくご)　　외국어
　가이꼬꾸고

☑ **算数**(さんすう)　　　　산수
　산스-
　　tip 초등학교에서만 배우는 과목이다.

☑ **数学**(すうがく)　　　　수학
　스-가꾸

☑ **国史**(こくし)　　　　　국사
　코꾸시
　　tip 관련 어휘
　　　일본사　日本史(にほんし)　니혼시
　　　세계사　世界史(せかいし)　세까이시

☑ **道徳**(どうとく)　　　　도덕
　도-또꾸

☑ **倫理**(りんり)　　　　　윤리
　린리

☑ **物理**(ぶつり)　　　　　물리
　부쯔리

☑ **科学**(かがく)　　　　　화학
　카가꾸

☑ **生物(せいぶつ)**　　　　　생물
세-부쯔

☑ **地学(ちがく)**　　　　　지학
치가꾸

> **tip** 地球科学(ちきゅうかがく, 치뀨-카가꾸)의 줄임말이다.

☑ **家庭(かてい)**　　　　　가정
카떼-

☑ **技術(ぎじゅつ)**　　　　　기술
기쥬쯔

☑ **体育(たいいく)**　　　　　체육
타이이꾸

☑ **音楽(おんがく)**　　　　　음악
옹가꾸

☑ **美術(びじゅつ)**　　　　　미술
비쥬쯔

◆ 대학교

☑ **基礎科目(きそかもく)**　　　기초과목
키소카모꾸

☑ **教養科目(きょうようかもく)**　교양과목
쿄-요-카모꾸

202

☑ **専攻科目**(せんこうかもく)   전공과목
  센꼬-카모꾸

☑ **必修科目**(ひっしゅうかもく)   필수과목
  힛슈-카모꾸

☑ **選択科目**(せんたくかもく)   선택과목
  센따꾸카모꾸

☑ **ゼミ**   세미나
  제미

   tip '세미나'를 뜻하는 ゼミナール(제미나-루)의 줄임말이다.

3. 수업 · 과제

♦ 수업

☑ **授業**(じゅぎょう)   수업
  쥬교-

☑ **講義**(こうぎ)   강의
  코-기

   tip 대학교나 대학원에서 받는 수업을 말한다.

☑ **レッスン**(lesson)   레슨
  렛쓩

   tip 음악이나 미술 등의 실기 수업을 말한다.

☑ **時間割(じかんわ)り**   시간표
지깡와리

☑ **時限(じげん)**   교시
지겡

> **tip** 회화에서는 限(げん, 겡)이라고 줄여서 말한다. 예를 들어, '3교시'는 3時限(さんじげん, 산지겡)이라고도 하고 3限(さんげん, 상겡)이라고 줄여서 말하기도 한다.

☑ **授業時間(じゅぎょうじかん)**   수업시간
쥬교-지깡

☑ **休(やす)みの時間(じかん)**   휴식시간
야스미노 지깡

> **tip** 보통 줄여서 休(やす)み(야스미)라고 한다.

✦ 과제물

☑ **宿題(しゅくだい)**   숙제
슈꾸다이

> **tip** 보통 초등학교나 중학교에서 쓰는 말이다.

☑ **課題(かだい)**   과제
카다이

> **tip** 고등학교나 대학교에서 쓰는 말이다.

☑ **レポート(report)**   리포트
레뽀-또

> **tip** 우리말과 표현이 다르므로 주의한다.

☑ **提出**(ていしゅつ)　　　　　　제출
테-슈쯔

☑ **期限**(きげん)　　　　　　　　기한
키겡

☑ **締切**(しめきり)　　　　　　　마감일
시메끼리

4. 공부 · 시험

✦ 공부

☑ **勉強**(べんきょう)　　　　　　공부
벵꾜-

　　tip 이 뜻 외에 '노력'이란 뜻도 있다.

☑ **予習**(よしゅう)　　　　　　　예습
요슈-

☑ **復習**(ふくしゅう)　　　　　　복습
훅쓔-

☑ **徹夜**(てつや)　　　　　　　　밤샘
테쯔야

　　tip 관련 표현
　　　밤을 새다　徹夜(てつや)する　테쯔야스루

☑ **試験勉強(しけんべんきょう)** 시험 공부
시껨벵꾜-

☑ **受験勉強(じゅけんべんきょう)** 입시 공부
쥬껨벵꾜-

> **tip** 주로 대학 입시를 위한 공부를 말한다.

◆ 시험

☑ **試験(しけん)** 시험
시껭

> **tip** 관련 어휘
> 합격 合格(ごうかく) 고-까꾸
> 불합격 不合格(ふごうかく) 후고-까꾸

☑ **テスト(test)** 테스트
테스또

☑ **書(か)き取(と)り** 받아쓰기
카끼또리

☑ **作文(さくぶん)** 작문
사꾸붕

☑ **聞(き)き取(と)り** 청해
키끼또리

☑ **読(よ)み取(と)り** 독해
요미또리

206

[여러 가지 시험]

☑ 中間試験(ちゅうかんしけん)　　중간고사
츄-깐시껭

☑ 期末試験(きまつしけん)　　기말고사
키마쯔시껭

☑ 入学試験(にゅうがくしけん)　　입학시험
뉴-가꾸시껭

　　tip 줄여서 入試(にゅうし, 뉴-시) 즉, '입시'라고 한다.

☑ 受験(じゅけん)　　입시, 수험
쥬껭

　　tip 대학에 들어가기 위한 시험을 말한다.

☑ 筆記試験(ひっきしけん)　　필기시험
힉끼시껭

☑ 実技試験(じつぎしけん)　　실기시험
지쯔기시껭

[시험 보기]

☑ 受験票(じゅけんひょう)　　수험표
쥬껭효-

☑ 受験番号(じゅけんばんごう)　　수험번호
쥬껭방고-

☑ **試験用紙**(しけんようし)   시험용지
   시껭요-시

☑ **答案**(とうあん)   답안지
   토-앙

5. 성적 · 평가

♦ 성적

☑ **成績**(せいせき)   성적
   세-세끼

☑ **単位**(たんい)   학점
   탕이

   tip 대학교에서의 성적 평가 기준으로, 일본에서는 '단위'라고 한다.

☑ **成績表**(せいせきひょう)   성적표
   세-세끼효-

☑ **点数**(てんすう)   점수
   텐스-

☑ **平均**(へいきん)   평균
   헤-낑

☑ **最高点**(さいこうてん)   최고점
   사이꼬-뗑

☑ **最低点**(さいていてん)   최하점
　사이떼-뗑

♦ 평가

☑ **順位**(じゅんい)   등수, 순위
　즁이
　tip 관련 어휘
　　　수석　首席(しゅせき)　슈세끼
　　　꼴찌, 꼴등　びり　비리

☑ **学位**(がくい)   학위
　가꾸이
　tip 관련 어휘
　　　학사　学士(がくし)　각씨
　　　석사　修士(しゅうし)　슈-시
　　　박사　博士(はくし)　학씨

[여러 가지 상]

☑ **賞**(しょう)   상
　쇼-
　tip 관련 어휘
　　　상장　賞状(しょうじょう)　쇼-죠-
　　　상금　賞金(しょうきん)　쇼-낑

☑ **皆勤賞**(かいきんしょう)   개근상
　카이낀쇼-

- ☑ **優秀賞**(ゆうしゅうしょう)　　　우수상
  유-슈-쇼-

- ☑ **最優秀賞**(さいゆうしゅうしょう)　최우수상
  사이유-슈-쇼-

- ☑ **大賞**(たいしょう)　　　　　대상
  타이쇼-

Japanese
Vocabulary

취업 활동

1. 채용 정보

☑ **就職**(しゅうしょく)　　　　　　취직
　슈-쇼꾸

☑ **求職**(きゅうしょく)　　　　　　구직
　큐-쇼꾸

　tip 관련 어휘
　　직장 구하기　職探(しょくさがし)し　쇼꾸사가시

☑ **採用情報**(さいようじょうほう)　채용 정보
　사이요-죠-호-

☑ **求人情報**(きゅうじんじょうほう)　구인 정보
　큐-진죠-호-

☑ **社員募集**(しゃしんぼしゅう)　　사원 모집
　샤임보슈-

　tip 다른 말로 リクルート(recruit, 리꾸루-또)라고도 한다.

☑ **急募**(きゅうぼ)　　　　　　　　급구
　큐-보

　tip 일본에서는 '급하게 모집하다'는 뜻으로 '급모'를 쓴다.

✦ 채용 형태

☑ **新入社員(しんにゅうしゃいん)** 신입사원
신뉴-샤잉

☑ **経歴社員(けいれきしゃいん)** 경력사원
케-레끼샤잉

☑ **正社員(せいしゃいん)** 정사원
세-샤잉

☑ **契約社員(けいやくしゃいん)** 계약사원
케-야꾸샤잉

☑ **派遣社員(はけんしゃいん)** 파견사원
하껜샤잉

☑ **アルバイト** 아르바이트
아루바이또

> **tip** 회화에서는 バイト(바이또)라고 줄여서 말한다.

☑ **パートタイム(part time)** 파트타임
파-또타이무

✦ 채용 정보

☑ **社名(しゃめい)** 회사명
샤메-

213

☑ **給料**(きゅうりょう)　　　　　급여
　　큐-료-

　　tip 일본에서는 '월급, 급여'를 '급료'라고 한다.

☑ **手当**(てあて)　　　　　　　수당
　　테아떼

☑ **ボーナス**(bonus)　　　　　상여금, 보너스
　　보-나스

☑ **初任給**(しょにんきゅう)　　초봉
　　쇼닝뀨-

☑ **年収**(ねんしゅう)　　　　　연봉
　　넨슈-

　　tip 年収入(ねんしゅうにゅう, 넨슈-뉴-)의 줄임말로, '연수입'이
　　　　란 뜻이다.

☑ **福利厚生**(ふくりこうせい)　복리후생
　　후꾸리코-세-

　　tip 관련 어휘
　　　　연금 年金(ねんきん) 넹낑
　　　　보험 保険(ほけん) 호껭

☑ **勤務地**(きんむち)　　　　　근무지
　　킴무찌

　　tip 관련 어휘
　　　　본사 本社(ほんしゃ) 혼샤
　　　　지사 支社(ししゃ) 시샤

2. 회사·업종

☑ **会社(かいしゃ)**　　　　회사
　카이샤

☑ **貴社(きしゃ)**　　　　귀사
　키샤

　 tip 더 높여 말할 때는 御社(おんしゃ, 온샤)라고 한다.

☑ **弊社(へいしゃ)**　　　　폐사
　헤-샤

◆ 회사의 종류

☑ **企業(きぎょう)**　　　　기업
　키교-

☑ **大企業(だいきぎょう)**　　　　대기업
　다이키교-

☑ **中小企業(ちゅうしょうきぎょう)**　중소기업
　쥬-쇼-키교-

☑ **ベンチャー企業(きぎょう)**　벤처 기업
　벤쨔-키교-

☑ **商社(しょうしゃ)**　　　　상사
　쇼-샤

　 tip 商事会社(しょうじがいしゃ, 쇼-지가이샤)의 줄임말이다.

✦ 여러 가지 업종

☑ **業種**(ぎょうしゅ)　　　　업종
　교-슈

☑ **製造**(せいぞう)　　　　제조
　세-조-

☑ **販売**(はんばい)　　　　판매
　함바이

☑ **流通**(りゅうつう)　　　　유통
　류-쯔-

☑ **建設**(けんせつ)　　　　건설
　켄세쯔

☑ **電子**(でんし)　　　　전자
　덴시

☑ **機械**(きかい)　　　　기계
　키까이

☑ **通信**(つうしん)　　　　통신
　츠-싱

☑ **マスコミ**　　　　매스컴
　마스꼬미

　　tip マスコミュニケーション(mass communication, 마스코뮤니
　　께-숑)의 줄임말이다.

☑ **サービス**(service)   서비스
사-비스

  tip 장음에 주의하여 발음한다.

☑ **貿易**(ぼうえき)   무역
보-에끼

☑ **金融**(きんゆう)   금융
킹유-

◆ 여러 가지 직종

☑ **職種**(しょくしゅ)   직종
쇼꾸슈

☑ **管理職**(かんりしょく)   관리직
칸리쇼꾸

☑ **事務職**(じむしょく)   사무직
지무쇼꾸

☑ **営業職**(えいぎょうしょく)   영업직
에-교-쇼꾸

☑ **販売職**(はんばいしょく)   판매직
함바이쇼꾸

☑ **技術職**(ぎじゅつしょく)   기술직
기쥬쯔쇼꾸

☑ **専門職**(せんもんしょく)　　　전문직
셈몬쇼꾸

3. 일 · 직업

☑ **仕事**(しごと)　　　일
시고또

> **tip** 앞에 お(오)를 붙여서 お仕事(しごと, 오시고또)라고 한다.

☑ **職業**(しょくぎょう)　　　직업
쇼꾸교-

◆ 여러 가지 직업

☑ **デザイナー**(designer)　　　디자이너
데자이나-

> **tip** 맨 뒤의 장음에 주의하여 발음한다.

☑ **アナウンサー**(announcer)　　　아나운서
아나운사-

☑ **スチュワーデス**(stewardess)　　　스튜어디스
스쮸와-데스

☑ **プログラマー**(programmer)　　　프로그래머
푸로그라마-

> **tip** 맨 뒤의 장음에 주의하여 발음한다.

- ☑ **エンジニア**(engineer)   엔지니어
  엔지니아

- ☑ **画家**(がか)   화가
  가까

- ☑ **作家**(さっか)   작가
  삭까

- ☑ **歌手**(かしゅ)   가수
  카슈

- ☑ **俳優**(はいゆう)   배우
  하이유-

  tip 다른 말로 役者(やくしゃ, 약샤)라고도 한다.

- ☑ **女優**(じょゆう)   여배우
  죠유-

- ☑ **タレント**(talent)   탤런트
  타렌또

- ☑ **芸能人**(げいのうじん)   연예인
  게-노-징

  tip 일본에서는 연예인을 '예능인'이라고 한다.

- ☑ **運動選手**(うんどうせんしゅ)   운동선수
  운도-센슈

  tip 다른 말로 スポーツ選手(せんしゅ, 스뽀-쯔센슈) 또는 スポーツマン(스뽀-쯔망)이라고도 한다.

219

☑ **公務員**(こうむいん)　　　　　공무원
　　코-무잉

☑ **消防士**(しょうぼうし)　　　　소방관
　　쇼-보-시

☑ **警察官**(けいさつかん)　　　　경찰관
　　케-사쯔깡

☑ **学者**(がくしゃ)　　　　　　　학자
　　각쌰

☑ **研究員**(けんきゅういん)　　　연구원
　　켕뀨-잉

☑ **検事**(けんじ)　　　　　　　　검사
　　켄지

☑ **弁護士**(べんごし)　　　　　　변호사
　　벵고시

4. 지원 · 접수

☑ **志願**(しがん)　　　　　　　　지원
　　시강

☑ **受付**(うけつけ)　　　　　　　접수
　　우께쯔께

☑ **問(と)い合(あ)わせ** 　　　　　　문의
　토이아와세

> **tip** 앞에 お(오)를 붙여서 お問(と)い合(あ)わせ(오또이아와세)라
> 고 하는 경우가 많다.

☑ **お問(と)い合(あ)わせ先(さき)** 　문의처
　오또이아와세사끼

☑ **締切(しめきり)** 　　　　　　　　마감
　시메끼리

✦ 입사 서류

☑ **願書(がんしょ)** 　　　　　　　　원서
　간쇼

☑ **志願書(しがんしょ)** 　　　　　　지원서
　시간쇼

☑ **履歴書(りれきしょ)** 　　　　　　이력서
　리레끼쇼

☑ **自己紹介書(じこしょうかいしょ)** 　자기소개서
　지꼬쇼―까이쇼

☑ **身元証明書(みもとしょうめいしょ)** 　신분증명서
　미모또쇼―메―쇼

☑ **卒業証明書(そつぎょうしょうめいしょ)** 　졸업증명서
　소쯔교―쇼―메―쇼

☑ **成績証明書**(せいせきしょうめいしょ)   성적증명서
　세-세끼쇼-메-쇼

☑ **経歴証明書**(けいれきしょうめいしょ)   경력증명서
　케-레끼쇼-메-쇼

☑ **資格証**(しかくしょう)   자격증
　시각쑈-

☑ **推薦状**(すいせんじょう)   추천장
　스이센죠-

☑ **健康診断書**(けんこうしんだんしょ)   건강진단서
　켕꼬-신단쑈

5. 입사 시험

☑ **入社試験**(にゅうしゃしけん)   입사시험
　뉴-샤시껭

✦ 필기시험

☑ **筆記試験**(ひっきしけん)   필기시험
　힉끼시껭

☑ **専攻**(せんこう)   전공
　셍꼬-

☑ **英語**(えいご) 　영어
에-고

☑ **一般常識**(いっぱんじょうしき) 　일반상식
입빤죠-시끼

◆ 면접시험

☑ **面接試験**(めんせつしけん) 　면접시험
멘세쯔시켕

　tip 보통 줄여서 面接(めんせつ, 멘세쯔)라고 한다.

☑ **志願動機**(しがんどうき) 　지원 동기
시간도-끼

☑ **趣味**(しゅみ) 　취미
슈미

☑ **特技**(とくぎ) 　특기
토꾸기

☑ **興味**(きょうみ) 　흥미
쿄-미

☑ **抱負**(ほうふ) 　포부
호-후

☑ **左右銘**(さゆうめい) 　좌우명
사유-메-

◆ 시험 결과

☑ **発表**(はっぴょう)　　　　　　　발표
합뽀-

☑ **通知**(つうち)　　　　　　　통지
츠-찌

☑ **通報**(つうほう)　　　　　　통보
츠-호-

☑ **お知**(し)**らせ**　　　　　　알림
오시라세

　　tip 항상 앞에 お(오)를 붙여서 말한다.

☑ **連絡先**(れんらくさき)　　　연락처
렌라꾸사끼

☑ **自宅**(じたく)　　　　　　자택
지따꾸

　　tip 앞에 ご(고)를 붙여서 ご自宅(じたく, 고지따꾸)라고도 한다.

 **직장 생활**

1. 사무실에서

☑ **事務室**(じむしつ)　　　　　사무실
　지무시쯔

◆ 근태상황

☑ **出勤**(しゅっきん)　　　　　출근
　슉낑

☑ **退勤**(たいきん)　　　　　퇴근
　타이낑

☑ **欠勤**(けっきん)　　　　　결근
　켁낑

☑ **無断欠勤**(むだんけっきん)　　무단결근
　무당껭낑

☑ **遅刻**(ちこく)　　　　　지각
　치꼬꾸

　　tip '늦다, 지각하다'는 遅(おく)れる(오꾸레루)라고 한다.

☑ **早退**(そうたい)　　　　　조퇴
　소-따이

225

☑ **外出(がいしゅつ)**　　　　　　　　외출
　　가이슈쯔

　　tip 관련 어휘
　　　　외출허가서　外出届(がいしゅつとどけ)　가이슈쯔토도께

☑ **外回(そとまわ)り**　　　　　　　　외근
　　소또마와리

☑ **残業(ざんぎょう)**　　　　　　　　야근
　　장교-

　　tip 일본에서는 '야근'을 '잔업'이라고 한다.

◆ 기본 업무

☑ **コピー(copy)**　　　　　　　　　　복사
　　코삐-

　　tip 읽는 법과 장음에 주의한다.

☑ **ファックス(fax)**　　　　　　　　팩스
　　확쓰

☑ **報告(ほうこく)**　　　　　　　　　보고
　　호-꼬꾸

☑ **指示(しじ)**　　　　　　　　　　지시
　　시지

☑ **伝達(でんたつ)**　　　　　　　　전달
　　덴따쯔

☑ **決裁(けっさい)**   결재
켓싸이

◆ 문서 · 서류

☑ **文書(ぶんしょ)**   문서
분쇼

☑ **書類(しょるい)**   서류
쇼루이

☑ **企画案(きかくあん)**   기획안
키까꾸앙

☑ **報告書(ほうこくしょ)**   보고서
호–꼭쑈

☑ **稟議書(りんぎしょ)**   품의서
링기쇼

☑ **注文書(ちゅうもんしょ)**   주문서
츄–몬쇼

☑ **契約書(けいやくしょ)**   계약서
케–약쑈

☑ **見積書(みつもりしょ)**   견적서
미쯔모리쇼

> **tip** 한자의 음 그대로 けんせきしょ(켄세끼쇼)라고 발음하지 않도록
> 주의한다.

227

2. 근무 부서

☑ **部署**(ぶしょ)　　　　　　　부서
　부쇼

♦ 여러 가지 부서

☑ **総務部**(そうむぶ)　　　　　총무부
　소-무부

☑ **管理部**(かんりぶ)　　　　　관리부
　칸리부

☑ **人事部**(じんじぶ)　　　　　인사부
　진지부

☑ **開発部**(かいはつぶ)　　　　개발부
　카이하쯔부

☑ **企画部**(きかくぶ)　　　　　기획부
　키까꾸부

☑ **貿易部**(ぼうえきぶ)　　　　무역부
　보-에끼부

☑ **輸出部**(ゆしゅつぶ)　　　　수출부
　유슈쯔부

　tip 한자 **輸**(수)를 ゆ(유)라고 읽으므로 주의한다.

☑ **財務部**(ざいむぶ)　　　　재무부
자이무부

☑ **営業部**(えいぎょうぶ)　　　영업부
에-교-부

☑ **広報部**(こうほうぶ)　　　　홍보부
코-호-부

3. 직책 · 직위

☑ **肩書**(かたが)**き**　　　　　직책, 직위
카따가끼

　tip　직장 내에서의 신분을 나타내는 말이다.

☑ **役員**(やくいん)　　　　　　임원
야꾸잉

☑ **重役**(じゅうやく)　　　　　중역
쥬-야꾸

☑ **社員**(しゃいん)　　　　　　사원
샤잉

　tip　관련 어휘
　　상사　上司(じょうし)　죠-시
　　동료　同僚(どうりょう)　도-료-
　　부하　部下(ぶか)　부까

229

✦ 임원 · 중역

☑ **取締役(とりしまりやく)**   대표이사
   토리시마리야꾸

    tip CEO를 뜻하는 말로 회사의 최고 책임자를 말한다.

☑ **顧問(こもん)**   고문
   코몽

    tip 잘못 읽기 쉬운 한자이므로 주의한다.

☑ **会長(かいちょう)**   회장
   카이쬬-

☑ **社長(しゃちょう)**   사장
   샤쬬-

☑ **副社長(ふくしゃちょう)**   부사장
   후꾸샤쬬-

☑ **支店長(してんちょう)**   지점장
   시뗑쬬-

☑ **支社長(ししゃちょう)**   지사장
   시샤쬬-

☑ **常務(じょうむ)**   상무
   쬬-무

☑ **専務(せんむ)**   전무
   셈무

✦ 하위 직급

☑ **部長**(ぶちょう)   부장
부쬬-

☑ **次長**(じちょう)   차장
지쬬-

☑ **課長**(かちょう)   과장
카쬬-

☑ **係長**(かかりちょう)   계장
카까리쬬-

☑ **代理**(だいり)   대리
다이리

☑ **主任**(しゅにん)   주임
슈닝

☑ **平社員**(ひらしゃいん)   평사원
히라샤잉

 tip へいしゃいん(헤-샤잉)이라고 발음하지 않도록 주의한다.

4. 인사이동

☑ **人事異動**(じんじいどう)   인사이동
진지이도-

☑ **入社**(にゅうしゃ)   입사
  뉴-샤

☑ **退社**(たいしゃ)   퇴사
  타이샤

☑ **赴任**(ふにん)   부임
  후닝

☑ **単身赴任**(たんしんふにん)   단신부임
  탄싱후닝

  tip 가족과 떨어져서 혼자 부임하는 것을 말한다.

☑ **転勤**(てんきん)   전근
  텡낑

☑ **出張**(しゅっちょう)   출장
  슛쬬-

☑ **昇進**(しょうしん)   승진
  쇼-싱

☑ **左遷**(させん)   좌천
  사셍

☑ **解雇**(かいこ)   해고
  카이꼬

  tip 관련 표현
  해고하다, 해고시키다 首(くび)にする 쿠비니 스루
  해고 당하다 首(くび)になる 쿠비니 나루

☑ **休職(きゅうしょく)**   휴직
큐-쇼꾸

☑ **辞職(じしょく)**   사직
지쇼꾸

> **tip** '사표'는 辞表(じひょう, 지효-)라고 한다.

☑ **退職(たいしょく)**   퇴직
타이쇼꾸

☑ **定年退職(ていねんたいしょく)**   정년퇴직
테-넨타이쇼꾸

> **tip** 보통 줄여서 定年(ていねん, 테-넹)이라고 한다.

5. 비즈니스

♦ 거래

☑ **取引(とりひき)**   거래
토리히끼

> **tip** 다른 말로 付(つ)き合(あ)い(츠끼아이)라고도 한다.

☑ **取引先(とりひきさき)**   거래처
토리히끼사끼

☑ **交渉(こうしょう)**   협상
코-쇼-

- ☑ **条件**(じょうけん) 　　　　　 조건
  죠–껭

  > **tip** 관련 어휘
  > 거래조건　取引条件(とりひきじょうけん)　토리히끼죠–껭
  > 지불조건　支払条件(しはらいじょうけん)　시하라이죠–껭

- ☑ **決裂**(けつれつ) 　　　　　　 결렬
  케쯔레쯔

◆ 계약

- ☑ **契約**(けいやく) 　　　　　　 계약
  케–야꾸

- ☑ **合意**(ごうい) 　　　　　　　 합의
  고–이

- ☑ **注文**(ちゅうもん) 　　　　　 주문
  츄–몽

- ☑ **見積**(みつもり) 　　　　　　 견적
  미쯔모리

- ☑ **値段**(ねだん) 　　　　　　　 가격
  네당

  > **tip** 다른 말로 価格(かかく, 카까꾸)라고도 한다.

- ☑ **値下**(ねさ)**げ** 　　　　　 가격 인하
  네사게

tip 다른 말로 値引(ねび)き(네비끼)라고도 한다.

♦ 물품

☑ 品物(しなもの)　　　물품
시나모노

tip 상품, 제품 등의 총칭으로, 줄여서 品(しな, 시나)라고도 한다.

☑ 在庫(ざいこ)　　　재고
자이꼬

tip 관련 어휘
재고 없음 在庫切(ざいこぎ)れ 자이꼬기레
재고 부족 在庫不足(ざいこぶそく) 자이꼬부소꾸

☑ 商品(しょうひん)　　　상품
쇼-힝

☑ 製品(せいひん)　　　제품
세-힝

☑ 見本(みほん)　　　견본
미홍

tip 다른 말로 サンプル(sample, 삼뿌루)라고도 한다.

☑ パンフレット(pamphlet)　　　팸플릿
팡후렛또

☑ カタログ(catalog)　　　카탈로그
카따로구

[여러 가지 상품]

☑ **新商品(しんしょうひん)**　　　　　`신상품`
신쇼-힝

☑ **定番商品(ていばんしょうひん)**　`고정 상품`
테-반쇼-힝

　`tip` 꾸준히 잘 팔리는 상품을 말한다.

☑ **売(う)れ筋(すじ)商品(しょうひん)**　`히트 상품`
우레스지쇼-힝

　`tip` 다른 말로 ヒット商品(しょうひん, 힛또쇼-힝)이라고 한다.

☑ **目玉商品(めだましょうひん)**　　`특매 상품`
메다마쇼-힝

　`tip` 손님을 끌기 위해 저렴하게 판매하는 상품을 말한다.

☑ **おすすめ商品(しょうひん)**　　`추천 상품`
오스스메쇼-힝

　`tip` '추천'이란 말은 항상 앞에 お(오)를 붙여서 おすすめ(오스스메)라고 한다.

◆ **납품**

☑ **納品(のうひん)**　　　　　　`납품`
노-힝

☑ **納期(のうき)**　　　　　　　`납기일`
노-끼

☑ **船積(ふなづ)み**　　　　　　　선적
후나즈미

☑ **クレーム**(claim)　　　　　　클레임
쿠레-무
　　tip 관련 어휘
　　　　손해 損害(そんがい) 송가이
　　　　배상 賠償(ばいしょう) 바이쇼-

☑ **配送(はいそう)**　　　　　　배송
하이소-

◆ 회의

☑ **会議(かいぎ)**　　　　　　　회의
카이기
　　tip 관련 어휘
　　　　업무회의 業務会議(ぎょうむかいぎ) 교-무카이기
　　　　긴급회의 緊急会議(きんきゅうかいぎ) 킹뀨-카이기
　　　　임원회의 役員会議(やくいんかいぎ) 야꾸잉카이기

☑ **議題(ぎだい)**　　　　　　　의제
기다이

☑ **案件(あんけん)**　　　　　　안건
앙껭

☑ **意見(いけん)**　　　　　　　의견
이껭

☑ **決定**(けってい)   **결정**
  켓떼-

☑ **多数決**(たすうけつ)   **다수결**
  타스-께쯔
  tip 관련 어휘
    가결　可決(かけつ)　카께쯔
    부결　否決(ひけつ)　히께쯔

☑ **保留**(ほりゅう)   **보류**
  호류-

Japanese Vocabulary

11 여가 즐기기

취미 · 특기

1. 영화 감상

☑ **映画**(えいが)   영화
에-가

☑ **映画館**(えいがかん)   영화관
에-가깡

> **tip** 일본에서는 극장을 '영화관'이라고 한다.

✦ 영화의 장르

☑ **ホラー**(horror)   공포
호라-

☑ **ミステリー**(mystery)   미스터리
미스떼리-

☑ **サスペンス**(suspense)   서스펜스
사스뻰스

☑ **アクション**(action)   액션
악쑝

☑ **コメディー**(comedy)   코미디
코메디-

☑ **アニメ**　　　　　　　　　만화
　아니메

　　tip アニメーション(animation, 아니메-숑)의 줄임말이다.

☑ **ラブストーリ**(love story)　　러브스토리
　라부스또-리

◆ 영화 감상

☑ **鑑賞**(かんしょう)　　　　감상
　칸쇼-

☑ **最新作**(さいしんさく)　　최신작
　사이신사꾸

☑ **ストーリー**(story)　　　스토리
　스또-리-

☑ **台本**(だいほん)　　　　대본
　다이홍

☑ **セリフ**　　　　　　　대사
　세리후

　　tip 한자로는 台詞(대사)이지만, 보통 카타카나로 표기한다.

◆ 영화 제작

☑ **製作**(せいさく)　　　　제작
　세-사꾸

☑ **撮影(さつえい)** 　　　　　　촬영
　사쯔에—

☑ **演出(えんしゅつ)** 　　　　　연출
　엔슈쯔

☑ **監督(かんとく)** 　　　　　　감독
　칸또꾸

☑ **俳優(はいゆう)** 　　　　　　배우
　하이유—

　　tip 관련 어휘
　　　　주연　主演(しゅえん)　슈엥
　　　　조연　助演(じょえん)　죠엥

☑ **スタッフ(staff)** 　　　　　　스텝
　스땁후

　　tip ステップ(스뗍뿌)라고 발음하지 않도록 주의한다.

2. 공연 관람

☑ **公演(こうえん)** 　　　　　　공연
　코—엥

☑ **劇場(げきじょう)** 　　　　　공연장
　게끼쬬—

　　tip 일본에서는 공연장을 '극장'이라고 한다.

242

☑ **舞台**(ぶたい)　　　　　　　　**무대**
부따이

♦ 여러 가지 공연

☑ **芝居**(しばい)　　　　　　　　**연극**
시바이
　　tip 일본에서는 演劇(연극)이란 말을 쓰지 않는다.

☑ **ミュージカル**(musical)　　　**뮤지컬**
뮤-지까루

☑ **コンサート**(concert)　　　　**콘서트**
콘사-또

☑ **オペラ**(opera)　　　　　　　**오페라**
오뻬라

☑ **歌舞伎**(かぶき)　　　　　　　**가부키**
카부끼
　　tip 일본의 대표적인 전통 연극이다.

♦ 공연 관람

☑ **観覧**(かんらん)　　　　　　　**관람**
칸랑

☑ **観客**(かんきゃく)　　　　　　**관객**
캉꺄꾸

☑ **切符(きっぷ)売(う)り場(ば)**　　매표소
킵뿌우리바

☑ **切符(きっぷ)**　　표
킵뿌

  tip 관련 어휘
  예매표　前売(まえう)り券(けん)　마에우리껭
  당일표　当日券(とうじつけん)　토-지쯔껭

☑ **チケット(ticket)**　　티켓
치켓또

☑ **自由席(じゆうせき)**　　자유석
지유-세끼

☑ **指定席(していせき)**　　지정석
시떼-세끼

☑ **立(た)ち見(み)席(せき)**　　입석
타찌미세끼

3. 책 · 독서

☑ **本(ほん)**　　책
홍

☑ **読書(どくしょ)**　　독서
독쑈

244

✦ 책의 구성

☑ **表紙(ひょうし)**　　　　　표지
　효-시

☑ **前書(まえが)き**　　　　　머리말
　마에가끼

☑ **目次(もくじ)**　　　　　목차
　모꾸지

☑ **本文(ほんぶん)**　　　　　본문
　홈붕

☑ **付録(ふろく)**　　　　　부록
　후로꾸

✦ 읽을거리

☑ **読(よ)み物(もの)**　　　　　읽을거리
　요미모노

> **tip** 참고로, '읽다'는 読(よ)む(요무)라고 한다.

☑ **小説(しょうせつ)**　　　　　소설
　쇼-세쯔

☑ **随筆(ずいひつ)**　　　　　수필
　즈이히쯔

> **tip** 다른 말로 エッセー(essay, 엣쎄-) 즉, '에세이'라고도 한다.

☑ **詩**(し)　　　　　　　　　시
　시

☑ **漫画**(まんが)　　　　　만화
　망가

　　tip 책으로 된 만화 즉, 만화책을 말한다.

☑ **童話**(どうわ)　　　　　동화
　도-와

☑ **絵本**(えほん)　　　　　그림책
　에홍

☑ **文庫**(ぶんこ)　　　　　문고
　붕꼬

　　tip 들고 다니면서 읽을 수 있는 작고 가벼운 책이다.

☑ **雑誌**(ざっし)　　　　　잡지
　잣씨

　　tip 관련 어휘
　　　　주간지　週刊誌(しゅうかんし)　슈-깐시
　　　　월간지　月刊誌(げっかんし)　겍깐시

☑ **新聞**(しんぶん)　　　　신문
　심붕

　　tip 관련 어휘
　　　　조간　朝刊(ちょうかん)　쵸-깡
　　　　석간　夕刊(ゆうかん)　유-깡
　　　　호외　号外(ごうがい)　고-가이

☑ **実用書**(じつようしょ)　　　실용서
　지쯔요-쇼

4. 음악 · 악기

◆ 음악

☑ **音楽**(おんがく)　　　음악
　옹가꾸

> **tip** 다른 말로 ミュージック(music, 뮤-직꾸)라고도 한다.

[음악의 분야]

☑ **声楽**(せいがく)　　　성악
　세-가꾸

☑ **合唱**(がっしょう)　　　합창
　갓쑈-

> **tip** 관련 어휘
> 합창단 合唱団(がっしょうだん) 갓쑈-당

☑ **アカペラ**　　　아카펠라
　아까뻬라

☑ **演奏**(えんそう)　　　연주
　엔소-

> **tip** '연주하다'는 演奏(えんそう)する(엔소-스루)라고 한다.

- ☑ **合奏**(がっそう)　　　　합주
  갓쏘-

- ☑ **作詞**(さくし)　　　　작사
  삭씨

- ☑ **作曲**(さっきょく)　　　작곡
  삭꾜꾸

[음악의 장르]

- ☑ **ポップソング**(pop song)　　팝송
  폽뿌송구

- ☑ **バラード**(ballade)　　　발라드
  바라-도

- ☑ **ダンス**(dance)**曲**(きょく)　　댄스
  단스꾜꾸

- ☑ **ラップ**(rap)　　　　랩
  랍뿌

- ☑ **ヒップホップ**(hip hop)　　힙합
  힙뿌홉뿌

- ☑ **サントラ**　　　　영화음악
  산또라

  tip '영화음악'을 뜻하는 O.S.T(Original Sound Track)의 サウン
  ドトラック(사운도토락꾸)를 줄인 말이다.

248

- [ ] **ジェーポップス**(J pops)   일본 가요
  제-폽뿌스

- [ ] **ロック**(rock)   록
  록꾸

- [ ] **ジャズ**(jazz)   재즈
  쟈즈

- [ ] **クラシック**(classic)   클래식
  쿠라식꾸

- [ ] **演歌**(えんか)   트로트
  엥까

◆ 악기

- [ ] **楽器**(がっき)   악기
  각끼

[건반악기]

- [ ] **鍵盤楽器**(けんばんがっき)   건반악기
  켐방각끼

- [ ] **ピアノ**(piano)   피아노
  피아노

- [ ] **キーボード**(key board)   키보드
  키-보-도

[관악기]

☑ **管楽器**(かんがっき)　　　　관악기
캉각끼

☑ **トランペット**(trumpet)　　　트럼펫
토람뻿또

☑ **サックス**(sax)　　　　　　색소폰
삭쓰

　　tip　サキソホン(saxophone, 사끼소홍)의 줄임말이다.

☑ **フルート**(flute)　　　　　플롯
후루-또

☑ **ハーモニカ**(harmonica)　　하모니카
하-모니까

[현악기]

☑ **弦楽器**(げんがっき)　　　　현악기
겡각끼

☑ **ギター**(guitar)　　　　　기타
기따-

☑ **三味線**(しゃみせん)　　　샤미센
샤미셍

　　tip　현이 3개인 일본의 전통 현악기이다.

☑ **バイオリン**(violin)   바이올린
　바이오링

☑ **チェロ**(cello)   첼로
　체로

[타악기]

☑ **打楽器**(だがっき)   타악기
　다각끼

☑ **シロホン**(xylophone)   실로폰
　시로홍

☑ **シンバル**(cymbal)   심벌즈
　심바루

☑ **ドラム**(drum)   드럼
　도라무

☑ **太鼓**(たいこ)   북
　타이꼬

5. 그림 · 미술

☑ **絵**(え)   그림
　에

　　tip 모든 종류의 그림을 가리키는 총칭이다.

- **スケッチ**(sketch) 　　　　　　　　스케치
  스껫찌

- **デッサン**(dessin) 　　　　　　　데생
  뎃쌍
  > **tip** 촉음에 주의하면서 발음한다.

- **デザイン**(design) 　　　　　　　디자인
  데자잉

- **彫刻**(ちょうこく) 　　　　　　　조각
  쵸-꼬꾸
  > **tip** '조각하다'는 彫刻(ちょうこく)する(쵸-꼬꾸스루)라고 한다.

✦ 회화의 종류

- **絵画**(かいが) 　　　　　　　　　회화
  카이가

- **油絵**(あぶらえ) 　　　　　　　　유화
  아부라에

- **水絵**(みずえ) 　　　　　　　　　수채화
  미즈에

- **風景画**(ふうけいが) 　　　　　　풍경화
  후-께-가

- **静物画**(せいぶつが) 　　　　　　정물화
  세-부쯔가

252

◆ 미술 도구

☑ **イーゼル**(easel)　　　　　　　**이젤**
이-제루

> **tip** 스케치북을 받쳐 세울 때 쓰는 받침대를 말한다.

☑ **スケッチブック**(sketchbook)　　**스케치북**
스껫찌북꾸

☑ **絵(え)の具(ぐ)**　　　　　　　**그림물감**
에노구

☑ **絵筆(えふで)**　　　　　　　　**그림 붓**
에후데

☑ **パレット**(pallet)　　　　　　　**팔레트**
파렛또

☑ **色鉛筆(いろえんぴつ)**　　　　　**색연필**
이로엠삐쯔

☑ **クレヨン**(crayon)　　　　　　　**크레용**
쿠레용

6. 재미 · 오락

☑ **旅行(りょこう)**　　　　　　　**여행**
료꼬-

- ☑ **山登(やまのぼ)り** 　　　　　등산
  야마노보리
  　tip 　다른 말로 登山(とざん, 토장)이라고도 한다.

- ☑ **釣(つ)り** 　　　　　낚시
  츠리

- ☑ **写真(しゃしん)** 　　　　　사진
  샤싱

- ☑ **編(あ)み物(もの)** 　　　　　뜨개질
  아미모노

- ☑ **生(い)け花(ばな)** 　　　　　꽃꽂이
  이께바나

- ☑ **盆栽(ぼんさい)** 　　　　　분재
  본사이

- ☑ **茶道(さどう)** 　　　　　다도
  사도-

- ☑ **書道(しょどう)** 　　　　　서예
  쇼도-

- ☑ **将棋(しょうぎ)** 　　　　　장기
  쇼-기

- ☑ **囲碁(いご)** 　　　　　바둑
  이고
  　tip 　다른 말로 碁(ご, 고)라고도 한다.

◆ 여러 가지 오락

☑ **ゲームセンター** 　　　오락실
게-무센따-

　tip 회화에서는 줄여서 ゲーセン(게-셍)이라고 한다.

☑ **ゲーム**(game) 　　　게임
게-무

　tip 장음에 주의하면서 발음한다.

☑ **パソコンゲーム** 　　　컴퓨터 게임
파소꽁게-무

☑ **花札**(はなふだ) 　　　화투
하나후다

　tip 다른 말로 カルタ(카루따)라고도 한다.

☑ **パチンコ** 　　　파친코
파찡꼬

☑ **マージャン** 　　　마작
마-쟝

☑ **競輪**(けいりん) 　　　경륜
케-링

☑ **競馬**(けいば) 　　　경마
케-바

255

7. 어학 · 외국어

♦ 어학

☑ **語学**(ごがく)　　　　　　　　어학
고가꾸

☑ **言語**(げんご)　　　　　　　　언어
겡고

☑ **言葉**(ことば)　　　　　　　　말
코또바

　　tip 단어 또는 회화를 뜻하기도 한다.

☑ **標準語**(ひょうじゅんご)　　　표준어
효-쥰고

☑ **方言**(ほうげん)　　　　　　　사투리
호-겡

☑ **文字**(もじ)　　　　　　　　　문자
모지

☑ **発音**(はつおん)　　　　　　　발음
하쯔옹

☑ **単語**(たんご)　　　　　　　　단어
탕고

　　tip 다른 말로 ワード(word, 와-도)라고도 한다.

☑ **語彙**(ごい)　　　　　　　　어휘
　고이

☑ **文法**(ぶんぽう)　　　　　　문법
　붐뽀-

☑ **熟語**(じゅくご)　　　　　　숙어
　쥬꾸고
　tip 다른 말로 イディオム(idiom, 이디오무)라고도 한다.

☑ **読解**(どっかい)　　　　　　독해
　독까이

☑ **聴解**(ちょうかい)　　　　　청해
　쵸-까이

☑ **会話**(かいわ)　　　　　　　회화
　카이와

◆ **외국어**

☑ **外国語**(がいこくご)　　　　외국어
　가이꼬꾸고

☑ **韓国語**(かんこくご)　　　　한국어
　캉꼬꾸고

☑ **日本語**(にほんご)　　　　　일본어
　니홍고

257

☑ **中国語(ちゅうごくご)** 　　　　중국어
　　츄-고꾸고

　　tip ちゅうこくご(츄-꼬꾸고)라고 발음하지 않도록 주의한다.

☑ **英語(えいご)** 　　　　영어
　　에-고

☑ **ドイツ語(ご)** 　　　　독일어
　　도이쯔고

☑ **フランス語(ご)** 　　　　프랑스어
　　후란스고

☑ **ロシア語(ご)** 　　　　러시아어
　　로시아고

☑ **イタリア語(ご)** 　　　　이탈리아어
　　이따리아고

☑ **スペイン語(ご)** 　　　　스페인어
　　스뻬잉고

8. 스포츠 · 경기

♦ 스포츠

☑ **スポーツ(sports)** 　　　　스포츠
　　스뽀-쯔

☑ **運動**(うんどう)　　　　　　운동
　운도-

☑ **運動音痴**(うんどうおんち)　몸치
　운도-온찌

　tip 운동감각이 없어서 운동을 잘 못하는 사람을 말한다.

[여러 가지 스포츠]

☑ **陸上**(りくじょう)　　　　　육상
　리꾸죠-

　tip 관련 어휘

　　경주, 달리기　競走(きょうそう)　쿄-소-
　　계주, 릴레이　リレー(relay)　리레-

☑ **マラソン**(marathon)　　　　마라톤
　마라송

　tip マラトン(마라똥)이라고 발음하지 않도록 주의한다.

☑ **水泳**(すいえい)　　　　　　수영
　스이에-

☑ **ダイビング**(diving)　　　　다이빙
　다이빙구

☑ **バレーボール**(volleyball)　배구
　바레-보-루

　tip 줄여서 バレー(바레-)라고 한다.

☑ **バスケットボール**(basketball)　농구
　　바스껫또보-루
　　tip 줄여서 バスケー(바스께-)라고 한다.

☑ **サッカー**(soccer)　축구
　　삭까-
　　tip 발음이 어려우므로 주의하여 발음한다.

☑ **野球**(やきゅう)　야구
　　야뀨-
　　tip 다른 말로 ベースボール(baseball, 베-스보-루)라고도 한다.

☑ **卓球**(たっきゅう)　탁구
　　탁뀨-
　　tip 다른 말로 ピンポン(삥뽕)이라고도 한다.

☑ **ラグビー**(rugby)　럭비
　　라구비-
　　tip 맨 뒤의 장음에 주의하여 발음한다.

☑ **ハンドボール**(handball)　핸드볼
　　한도보-루

☑ **ゴルフ**(golf)　골프
　　고루후
　　tip ゴルブ(고루뿌)라고 발음하지 않도록 주의한다.

☑ **テニス**(tennis)　테니스
　　테니스

☑ **バドミントン**(badminton)   배드민턴
바도민똥

☑ **スキー**(ski)   스키
스끼-

> **tip** 맨뒤의 장음에 주의하여 발음한다.

☑ **スノーボード**(snow board)   스노보드
스노-보-도

> **tip** 줄여서 スノボー(스노보-)라고 한다.

☑ **アイスホッケー**(ice hockey)   아이스하키
아이스혹께-

> **tip** ホッケー(hockey, 혹께-)는 '필드하키'를 말한다.

☑ **柔道**(じゅうどう)   유도
쥬-도-

☑ **剣道**(けんどう)   검도
켄도-

☑ **ボクシング**(boxing)   복싱
복씽구

☑ **レスリング**(wrestling)   레슬링
레스링구

☑ **相撲**(すもう)   스모
스모-

> **tip** 우리나라의 씨름과 같은 일본의 전통 스포츠이다.

261

☑ **ボーリング(bowling)** 볼링
　보-링구

☑ **乗馬(じょうば)** 승마
　죠-바

☑ **バレエ(ballet)** 발레
　바레-

　　tip 배구의 バレー와 발음은 같지만 표기법이 다르므로, 혼동하지
　　않도록 주의한다.

♦ 경기 · 시합

☑ **競技(きょうぎ)** 경기
　쿄-기

☑ **試合(しあい)** 시합
　시아이

　　tip 관련 어휘
　　　예선　予選(よせん)　요셍
　　　결승전　決勝戦(けっしょうせん)　켓쑈-셍
　　　연장전　延長線(えんちょうせん)　엔쬬-셍

[관전 · 결과]

☑ **ファイト(fight)** 파이팅
　화이또

　　tip 화이팅(fighting)이라고 하지 않으므로 주의한다.

☑ **競技場**(きょうぎじょう)　　　　경기장
　코-기죠-

☑ **観戦**(かんせん)　　　　　　　관전
　칸셍

☑ **応援**(おうえん)　　　　　　　응원
　오-엥

☑ **チーム**(team)　　　　　　　팀
　치-무

　　tip 우리말과 발음이 다르므로 주의한다.

☑ **勝負**(しょうぶ)　　　　　　　승부
　쇼-부

☑ **勝**(か)**ち負**(ま)**け**　　　　　승패
　카찌마께

　　tip 관련 표현
　　　　이기다　勝(か)つ　카쯔
　　　　지다　負(ま)ける　마께루

☑ **得点**(とくてん)　　　　　　　득점
　토꾸뗑

☑ **失点**(しってん)　　　　　　　실점
　싯뗑

☑ **引**(ひ)**き分**(わ)**け**　　　　　무승부
　히끼와께

263

1. 음식점

◆ 자리 예약

☑ **席(せき)**　　　　　　　　　　**자리, 좌석**
세끼

> **tip** 관련 어휘
> 물수건　おしぼり　오시보리
> 냅킨　ナプキン(napkin)　나뿌낑
> 이쑤시개　楊枝(ようじ)　요-지
> 재떨이　灰皿(はいざら)　하이자라

☑ **空(あ)き席(せき)**　　　　　**빈자리**
아끼세끼

> **tip** 空(あ)き(아끼)는 '빔, 비어 있음'이란 뜻이다.

☑ **満席(まんせき)**　　　　　　**만석**
만세끼

☑ **予約席(よやくせき)**　　　**예약석**
요야꾸세끼

☑ **喫煙席(きつえんせき)**　　**흡연석**
키쯔엔세끼

> **tip** 일본에서는 '흡연'을 '끽연'이라고 한다.

☑ **禁煙席**(きんえんせき)　　　　금연석
　킹엔세끼

☑ **団体席**(だんたいせき)　　　　단체석
　단따이세끼

◆ 음식 주문

☑ **注文**(ちゅうもん)　　　　　주문
　츄-몽
　tip 관련 어휘
　　　보통 並(なみ) 나미
　　　곱배기 大盛(おおも)り 오-모리

☑ **メニュー**(menu)　　　　메뉴(판)
　메뉴-

☑ **単品**(たんぴん)　　　　단품
　탐뼁

☑ **定食**(ていしょく)　　　　정식
　테-쇼꾸
　tip 다른 말로 セット(set, 셋또)라고도 한다.

☑ **お勘定**(かんじょう)　　　　계산
　오깐죠-
　tip 관련 어휘
　　　함께, 같이 一緒(いっしょ) 잇쑈
　　　각자, 따로 別々(べつべつ) 베쯔베쯔

✦ 여러 가지 음식점

☑ **食堂(しょくどう)**   식당
쇼꾸도-

☑ **レストラン(restaurant)**   레스토랑
레스또랑

☑ **ファミレス**   패밀리레스토랑
화미레스

> **tip** ファミリーレストラン(family restaurant, 화미리-레스또랑)
> 의 줄임말이다.

☑ **ファーストフード(fastfood)**   패스트푸드점
화-스또후-도

> **tip** 관련 어휘
> 햄버거　ハンバーガー(hamburger) 함바-가-
> 감자튀김　ポテトフライ(fried potato) 포떼또후라이
> 치킨　フライドチキン(fried chicken) 후라이도치낑

☑ **立(た)ち食(ぐ)い**   입식 식당
타찌구이

☑ **屋台(やたい)**   노점, 포장마차
야따이

☑ **バイキング**   뷔페
바이낑구

> **tip** 다양한 종류의 음식을 정해진 시간 안에서 마음껏 먹을 수 있
> 는 일반적인 의미의 뷔페이다.

☑ **食(た)べ放題(ほうだい)**　　　뷔페 (단품요리)
타베호-다이

> **tip** 한 가지 음식만 마음껏 먹을 수 있는 뷔페를 말하며, 보통 앞
> 에 음식명이 붙는다. 예를 들어, ピザ食(た)べ放題(ほうだ
> い, 피자타베호-다이)는 '피자 뷔페'를 말한다.

2. 커피숍

☑ **コーヒーショップ**(coffee shop)　커피숍
코-히-숍뿌

☑ **カフェ**(cafe)　　　　　　카페
카훼

☑ **喫茶店(きっさてん)**　　　다방
킷싸뗑

☑ **飲(の)み物(もの)**　　　음료수
노미모노

☑ **果汁飲料(かじゅういんりょう)**　과즙음료
카쥬-인료-

☑ **炭酸飲料(たんさんいんりょう)**　탄산음료
탄상인료-

☑ **マグカップ**(mug cup)　　머그컵
마구캅뿌

- ☑ **グラス**(glass)   유리컵
  구라스

- ☑ **ストロー**(straw)   빨대
  스또로-

- ☑ **クリーム**(cream)   크림
  쿠리-무
  tip 우리나라의 '프림'에 해당한다.

- ☑ **ガムシロップ**(gum syrup)   시럽
  가무시롭뿌

◆ 찬 음료

- ☑ **ジュース**(juice)   주스
  쥬-스

- ☑ **コーラ**(cola)   콜라
  코-라
  tip 다른 말로 コック(coke, 콕꾸)라고도 한다.

- ☑ **サイダー**(cider)   사이다
  사이다-

- ☑ **アイスティー**(ice tea)   아이스티
  아이스띠-

- ☑ **アイスコーヒー**(ice coffee)   아이스커피
  아이스코-히-

◆ 따뜻한 음료

☑ お茶(ちゃ)　　　　　　　　**차**
　오쨔

　　tip 따뜻한 음료를 가리키는 총칭이다.

☑ 緑茶(りょくちゃ)　　　　　**녹차**
　료꾸쨔

☑ 麦茶(むぎちゃ)　　　　　　**보리차**
　무기쨔

☑ ウーロン茶(ちゃ)　　　　　**우롱차**
　우-론쨔

　　tip 한자 발음으로는 '오룡차'라고 한다.

☑ 紅茶(こうちゃ)　　　　　　**홍차**
　코-쨔

　　tip 관련 어휘
　　　레몬 티 レモンティー(remon tea) 레몬띠-
　　　밀크 티 ミルクティー(milk tea) 미루꾸띠-

☑ ホットコーヒー(hot coffee)　**커피**
　홋또코-히-

　　tip 줄여서 ホット(홋또) 또는 コーヒー(코-히-)라고 한다.

☑ ホットココア(hot cocoa)　**코코아**
　홋또코꼬아

　　tip 다른 말로 ホットチョコ(hot choco, 홋또쵸꼬)라고도 한다.

◆ 디저트

☑ **パフェ**(parfait)　　　　　　　　**파르페**
파훼

tip パルペ(파루뻬)라고 발음하지 않도록 주의하세요.

☑ **シェイク**(shake)　　　　　　　　**셰이크**
셰이꾸

☑ **かき氷**(ごおり)　　　　　　　　**빙수**
카끼고-리

tip 관련 어휘
팥빙수 あずきかき氷(ごおり) 아즈끼카끼고-리
딸기빙수 いちごかき氷(ごおり) 이찌고카끼고-리

3. 술집

☑ **酒**(さけ)　　　　　　　　　　　**술**
사께

tip 보통 앞에 お(오)를 붙여서 お酒(さけ, 오사께)라고 한다.

☑ **酒好**(さけず)**き**　　　　　　　**애주가**
사께즈끼

tip ~好(ず)き(즈끼)는 '~을 좋아하는 것/사람'이란 뜻이다.

☑ **酔**(よ)**っぱらい**　　　　　　　**술 취한 사람**
욥빠라이

> **tip** '술에 취하다'는 酔(よ)う(요우)라고 하며, '술에 흠뻑 취하다'는
> 酔(よ)っぱらう(욥빠라우)라고 한다.

☑ 飲兵衛(のんべえ)　　　　　술고래, 주정쟁이
놈베-

> **tip** 관련 표현
> 술이 약하다　酒(さけ)に弱(よわ)い　사께니 요와이
> 술이 세다　酒(さけ)に強(つよ)い　사께니 츠요이

◆ 여러 가지 술집

☑ 飲(の)み屋(や)　　　　　술집
노미야

> **tip** 술집을 일컫는 총칭이다.

☑ 居酒屋(いざかや)　　　　　대폿집
이자까야

> **tip** 비교적 술값도 저렴하고 맛있는 안주가 많아서, 대학생이나 직
> 장인이 많이 이용하는 가장 대중적인 술집을 말한다.

☑ ビヤホール(beer hall)　　　　　비어 홀
비야호-루

> **tip** 한여름에만 영업하는 야외 맥주집을 말한다. 특히, '맥주'란 뜻
> 의 beer를 ビヤ(비야)라고 발음하므로 잘 알아둔다.

☑ 酒屋(さかや)　　　　　주류백화점
사까야

> **tip** 술을 마실 수는 없고 판매만 하는 곳으로, さけや(사께야)라고
> 발음하지 않도록 주의한다.

◆ 술집에서

☑ お通(とぉ)し　　　　자릿세
오또-시

> **tip** 자릿세 개념으로 나오는 입가심용 야채 절임이다.

☑ おつまみ　　　　안주
오쯔마미

☑ 一気(いっき)　　　　원샷
익끼

> **tip** 一気飲(いっきの)み(익끼노미)의 줄임말이다.

☑ 乾杯(かんぱい)　　　　건배
캄빠이

> **tip** '건배하다'는 乾杯(かんぱい)する(캄빠이스루)라고 한다.

☑ おちょこ　　　　술잔
오쪼꼬

> **tip** 소주나 청주를 마실 때 쓰는 작은 술잔을 말한다.

☑ グラス(glass)　　　　맥주잔
구라스

> **tip** 병맥주를 마실 때 쓰는 유리로 된 술잔을 말한다.

☑ チョッキ　　　　생맥주잔
쵹끼

> **tip** 생맥주를 주문했을 때 담아서 나오는 두꺼운 유리잔으로, 잔의 크기(대·중·소)로 주문한다.

☑ **おごり**　　　　　　　　　　한턱 냄

오고리

tip '한턱 내다'는 おごる(오고루)라고 한다.

☑ **割勘(わりかん)**　　　　　　더치페이

와리깡

tip 단어의 뜻을 풀어보면, 계산을 나눠서 한다는 것이다. 즉, 자기 몫을 자기가 내거나 사람 수로 나누어 내는 것이다.

☑ **二次会(にじかい)**　　　　　2차

니지까이

tip 처음 있던 곳에서 자리를 옮겨 다른 곳으로 이동하는 것을 말한다. 일본에서는 2차를 '2차회'라고 한다.

◆ 여러 가지 술

☑ **ビール(beer)**　　　　　　　맥주

비-루

tip 관련 어휘

　　캔맥주　缶(かん)ビール　캄비-루

　　병맥주　瓶(びん)ビール　빔비-루

　　생맥주　生(なま)ビール　나마비-루

☑ **ワイン(wine)**　　　　　　　와인, 포도주

와잉

tip 관련 어휘

　　화이트 와인　白(しろ)ワイン(white wine)　시로와잉

　　레드 와인　赤(あか)ワイン(red wine)　아까와잉

☑ **ウイスキー**(whisky)　　　　위스키
　우이스끼-

　tip 읽는 법이 다르므로 발음에 주의한다.

☑ **焼酎**(しょうちゅう)　　　　소주
　쇼-쮸-

☑ **清酒**(せいしゅ)　　　　청주
　세-슈

☑ **濁酒**(どぶろく)　　　　탁주
　도부로꾸

　tip 막걸리와 같은 종류의 술을 말한다.

☑ **カクテル**(cocktail)　　　　칵테일
　카꾸떼루

☑ **シャンペン**(champagne)　　　　샴페인
　샴뻰

　tip シャンペイン(샴뻬잉)이라고 발음하지 않도록 주의한다.

☑ **酎**(ちゅう)**ハイ**　　　　탄산주
　츄-하이

4. 노래방

☑ **カラオケ**　　　　노래방
　카라오께

☑ **曲**(きょく)   곡
  쿄꾸

☑ **歌**(うた)   노래
  우따

☑ **アルバム**(album)   음반
  아루바무

  tip '싱글 음반'은 シングル(single, 싱구루)라고 한다.

☑ **音痴**(おんち)   음치
  온찌

  tip 음 감각이 없어서 노래를 잘 못 부르는 사람을 말한다.

◆ 여러 가지 노래

☑ **最新曲**(さいしんきょく)   최신곡
  사이싱꾜꾸

  tip 줄여서 新曲(しんきょく, 싱꾜꾸)라고도 한다.

☑ **ヒット**(hit)**曲**(きょく)   히트곡
  힛또꾜꾸

☑ **18番**(じゅうはちばん)   애창곡
  쥬-하찌방

  tip 우리도 쓰는 '18번'은 일본에서 온 말이다.

☑ **リクエスト**(request)**曲**(きょく) 요청곡
  리꾸에스또꾜꾸

◆ 노래방에서

☑ **選曲**(せんきょく)　　　　선곡
　　셍꼬꾸

☑ **歌詞**(かし)　　　　　　가사
　　카시

☑ **メロディー**(melody)　　멜로디
　　메로디–

☑ **サビ**　　　　　　　　후렴구
　　사비

　　tip 노래의 주멜로디 부분이나 클라이맥스를 말한다.

☑ **リズム**(rhythm)　　　리듬
　　리즈무

　　tip 읽는 법이 다르므로 발음에 주의한다.

☑ **マイク**(mike)　　　　마이크
　　마이꾸

☑ **ボリューム**(volume)　볼륨
　　보류–무

276

여가

1. 쇼핑

☑ **ショッピング**(shopping)　　　**쇼핑**
숍삥구

☑ **ウィンドーショッピング**　　**아이쇼핑**
윈도-숍삥구

　　tip 일본에서는 '윈도우 쇼핑(window shopping)'이라고 한다.

☑ **買(か)い物(もの)**　　　　　**장보기**
카이모노

　　tip '장을 보다, 물건을 사다'는 買(か)い物(もの)をする(카이모노
　　오 스루)라고 한다.

♦ 구매하기

☑ **購入(こうにゅう)**　　　　　**구매**
코-뉴-

　　tip 관련 어휘
　　충동구매　衝動買(しょうどうが)い　쇼-도-가이

☑ **バーゲンセール**(bargain sale)　**바겐세일**
바-겐세-루

　　tip 줄여서 バーゲン(바-겐)이라고 한다.

☑ **価格表(かかくひょう)** 　　　　가격표
카까꾸효-

> **tip** 관련 어휘
> 정가 定価(ていか) 테-까
> 소비세 消費税(しょうひぜい) 쇼-히제-

☑ **包装(ほうそう)** 　　　　포장
호-소-

> **tip** 다른 말로 ラッピング(wrapping, 랍삥구)라고도 한다.

☑ **返品(へんぴん)** 　　　　반품
헴삥

> **tip** '반품하다'는 返品(へんぴん)する(헴삔스루)라고 한다.

☑ **交換(こうかん)** 　　　　교환
코-깡

> **tip** 다른 말로 取(と)り替(か)え(토리까에)라고도 한다.

☑ **返金(へんきん)** 　　　　환불
헹낑

✦ 계산하기

☑ **現金払(げんきんばら)い** 　　　　현금 계산
겡낌바라이

☑ **カード(card)払(ばら)い** 　　　　카드 계산
카-도바라이

일시불 一括払(いっかつばら)い 익까쯔바라이
할부 月払(つきばら)い 츠끼바라이

☑ **商品券(しょうひんけん)**　　　　상품권
쇼-힝껭

tip 요즘은 ギフトカード(gift card, 기후또카-도)라고 한다.

☑ **レシート(receipt)**　　　　영수증
레시-또

tip 다른 말로 領収書(りょうしゅうしょ, 료-슈-쇼)라고도 한다.

✦ 백화점에서

☑ **デパート(department store)**　　　　백화점
데빠-또

tip 다른 말로 百貨店(ひゃっかてん, 햑까뗑)이라고도 한다.

☑ **本店(ほんてん)**　　　　본점
혼뗑

☑ **支店(してん)**　　　　지점
시뗑

☑ **開店(かいてん)**　　　　개점
카이뗑

☑ **閉店(へいてん)**　　　　폐점
헤-뗑

☑ **営業時間**(えいぎょうじかん)　　　영업시간
에-교-지깡

☑ **定休日**(ていきゅうび)　　　정기휴일
테-뀨-비

　　tip 우리말과 표현이 다르므로 주의한다.

☑ **売**(う)**り場**(ば)　　　매장
우리바

☑ **催**(もよお)**し場**(ば)　　　전시장
모요-시바

☑ **サービスカウンター**　　　고객센터
사-비스카운따-

　　tip 일본에서는 고객센터를 '서비스 카운터'라고 한다.

☑ **レストラン街**(がい)　　　식당가
레스또랑가이

2. 관광

☑ **観光**(かんこう)　　　관광
캉꼬-

　　tip 관련 어휘
　　　　국내관광　国内観光(こくないかんこう)　코꾸나이캉꼬-
　　　　시내관광　市内観光(しないかんこう)　시나이캉꼬-

☑ **ツアー**(tour) 　　　　　　　투어
　츠아ー

　　tip 관련 어휘
　　　버스 투어　バスツアー(bus tour) 바스츠아ー
　　　야간 투어　ナイトツアー(night tour) 나이또츠아ー

✦ 관광하기

☑ **日程**(にってい) 　　　　　일정
　닛떼ー

　　tip 다른 말로 スケジュール(schedule, 스께쥬ー루)라고도 한다.

☑ **出発**(しゅっぱつ) 　　　　출발
　슙빠쯔

　　tip '출발하다'는 発(た)つ(타쯔)라고 한다.

☑ **到着**(とうちゃく) 　　　　도착
　토ー짜꾸

　　tip '도착하다'는 着(つ)く(츠꾸)라고 한다.

☑ **観光客**(かんこうきゃく) 　　관광객
　캉꼬ー꺄꾸

☑ **観光**(かんこう)**バス** 　　　관광버스
　캉꼬ー바스

☑ **ガイド**(guide) 　　　　　관광 가이드
　가이도

　　tip 보통 ガイドさん(가이도상)이라고 부른다.

- ☑ **観光案内所(かんこうあんないじょ)** 　관광안내소
  캉꼬-안나이죠

- ☑ **市内地図(しないちず)** 　시내지도
  시나이치즈

- ☑ **観光地図(かんこうちず)** 　관광지도
  캉꼬-치즈

- ☑ **ガイドブック(guidebook)** 　가이드북
  가이도북꾸

- ☑ **観光(かんこう)コース(course)** 　관광 코스
  캉꼬-코-스

  tip 관련 어휘
  　반나절 코스　半日(はんにち)コース　한니찌코-스
  　하루 코스　一日(いちにち)コース　이찌니찌코-스
  　당일치기　日帰(ひがえ)り　히가에리
  　패키지　パッケージ(package)　팍께-지

- ☑ **記念品(きねんひん)** 　기념품
  키넹힝

  tip 관련 어휘
  　그림엽서　絵(え)はがき　에하가끼
  　열쇠고리　キーホルダー(key holder)　키-호루다-

- ☑ **贈(おく)り物(もの)** 　선물
  오꾸리모노

  tip 회화에서는 プレゼント(present, 푸레젠또)란 말도 많이 쓴다.

☑ **お土産(みやげ)**　　　　　　　여행선물
오미야게

> tip 한자의 음 그대로 '토산품'을 뜻하는 말로, 어딘가를 다녀오면서
> 사 가지고 오는 여행선물이나 기념선물을 말한다.

♦ 관광지에서

☑ **観光地(かんこうち)**　　　　관광지
캉꼬-찌

☑ **城(しろ)**　　　　　　　　　성
시로

> tip 앞에 お(오)를 붙여서 お城(しろ, 오시로)라고도 한다.

☑ **寺(てら)**　　　　　　　　　절
테라

> tip 앞에 お(오)를 붙여서 お寺(てら, 오떼라)라고도 한다.

☑ **温泉(おんせん)**　　　　　　온천
온셍

☑ **水族館(すいぞくかん)**　　　수족관
스이조꾸깡

☑ **動物園(どうぶつえん)**　　　동물원
도-부쯔엥

☑ **植物園(しょくぶつえん)**　　식물원
쇼꾸부쯔엥

☑ **公園**(こうえん)　　　　　　공원
　코-엥

☑ **遊園地**(ゆうえんち)　　　　유원지
　유-엔찌

> **tip** 일본에서는 놀이공원을 '유원지'라고 한다.

◆ 매표소에서

☑ **チケット売**(う)**り場**(ば)　　매표소
　치껫또우리바

> **tip** チケット 대신 切符(きっぷ, 킵뿌)라고도 한다.

☑ **入場券**(にゅうじょうけん)　　입장권
　뉴-죠-껭

☑ **割引券**(わりびきけん)　　　할인권
　와리비끼껭

> **tip** 관련 어휘
> 단체 할인 団体割引(だんたいわりびき)　단따이와리비끼
> 학생 할인 学生割引(がくせいわりびき)　각쎄-와리비끼

☑ **入場料**(にゅうじょうりょう)　입장료
　뉴-죠-료-

> **tip** 관련 어휘
> 유료 有料(ゆうりょう)　유-료-
> 무료 無料(むりょう)　무료-
> 어른 大人(おとな)　오또나
> 어린이 子供(こども)　코도모

3. 여행

☑ **旅行**(りょこう)　　　　　　　**여행**
로꼬-

　tip 관련 어휘
　　국내여행 国内旅行(こくないりょこう) 코꾸나이료꼬-
　　해외여행 海外旅行(かいがいりょこう) 카이가이료꼬-

☑ **旅行客**(りょこうきゃく)　　　**여행객**
로꼬-꺄꾸

☑ **旅行会社**(りょこうがいしゃ)　**여행사**
로꼬-가이샤

　tip 일본에서는 여행사를 '여행회사'라고 한다.

◆ 여행지

☑ **旅行地**(りょこうち)　　　　　**여행지**
로꼬-찌

☑ **見所**(みどころ)　　　　　　　**볼 만한 곳**
미도꼬로

☑ **名所**(めいしょ)　　　　　　　**명소**
메-쇼

☑ **遺跡**(いせき)　　　　　　　　**유적**
이세끼

☑ **記念館**(きねんかん)　　　　기념관
　　기넹깡

☑ **博物館**(はくぶつかん)　　　　박물관
　　하꾸부쯔깡

✦ 여행 준비

☑ **荷物**(にもつ)　　　　짐
　　니모쯔

　　tip 앞에 お(오)를 붙여서 お荷物(にもつ, 오니모쯔)라고도 한다.

☑ **トランク**(trunk)　　　　여행가방
　　토랑꾸

　　tip 다른 말로 スーツケース(suitcase, 스-쯔케-스)라고도 한다.

☑ **ビザ**(visa)　　　　비자
　　비자

☑ **パスポート**(passport)　　　　여권
　　파스뽀-또

☑ **航空券**(こうくうけん)　　　　항공권
　　코-꾸-껭

✦ 공항에서

☑ **免税店**(めんぜいてん)　　　　면세점
　　멘제-뗌

☑ **空港**(くうこう)　　　　　　공항
　쿠-꼬-
　　tip 관련 어휘
　　　　국내선　国内線(こくないせん)　코꾸나이셍
　　　　국제선　国際線(こくさいせん)　콕싸이셍

☑ **ロビー**(lobby)　　　　　　로비
　로비-
　　tip 관련 어휘
　　　　출발 로비　出発(しゅっぱつ)ロビー　슙빠쯔로비-
　　　　도착 로비　到着(とうちゃく)ロビー　토-쨔꾸로비-

☑ **ゲート**(gate)　　　　　　게이트
　게-또
　　tip 관련 어휘
　　　　탑승 게이트　搭乗(とうじょう)ゲート　토-죠-게-또
　　　　환승 게이트　乗(の)り換(か)えゲート　노리까에게-또

4. 숙박

☑ **宿泊**(しゅくはく)　　　　　숙박
　슈꾸하꾸

☑ **宿泊先**(しゅくはくさき)　　숙박처
　슈꾸하꾸사끼
　　tip '묵을 곳'이란 뜻의 お泊(と)まり(오또마리)도 같은 뜻이다.

☑ **民宿**(みんしゅく)　　　　　　　민박
민슈꾸

☑ **旅館**(りょかん)　　　　　　　여관
료깡

> **tip** 우리나라의 여관과는 전혀 다른 일본 전통의 고급 숙박시설로,
> 보통 최고급 식사와 온천을 이용할 수 있다.

☑ **ホテル**(hotel)　　　　　　　호텔
호떼루

> **tip** 관련 어휘
> 관광 호텔　観光(かんこう)ホテル　캉꼬−호떼루
> 비즈니스 호텔　ビジネスホテル　비지네스호떼루

◆ 호텔에서

☑ **本館**(ほんかん)　　　　　　　본관
홍깡

☑ **別館**(べっかん)　　　　　　　별관
벳깡

☑ **フロント**(front)　　　　　　프론트
후론또

☑ **ロビー**(lobby)　　　　　　　로비
로비−

☑ **客室**(きゃくしつ)　　　　　　객실
캭씨쯔

tip 관련 어휘

싱글 룸 シングルルーム(single room) 싱구루루-무
더블 룸 ダブルルーム(double room) 다부루루-무
트윈 룸 ツインルーム(twin room) 츠잉루-무
스위트룸 スイートルーム(suite room) 스이-또루-무

◆ 호텔 이용

☑ **予約(よやく)**   **예약**
요야꾸

☑ **空(あ)き部屋(へや)**   **빈방**
아끼베야

☑ **満室(まんしつ)**   **만실**
만시쯔

☑ **チェックイン(check in)**   **체크인**
첵꾸잉

☑ **モーニングコール(morning call)** **모닝콜**
모-닝구코-루

     tip 다른 말로 目覚(めざ)まし(메자마시)라고도 한다.

☑ **ルームサービス(room service)** **룸서비스**
루-무사-비스

☑ **朝食(ちょうしょく)**   **아침식사**
쵸-쇼꾸

☑ **チェックアウト**(check out)　체크아웃
체꾸아우또

☑ **会計**(かいけい)　계산
카이께-

　tip　앞에 お(오)를 붙여서 お会計(かいけい, 오까이께-)라고도
　한다.

☑ **宿泊料金**(しゅくはくりょうきん)　숙박요금
슈꾸하꾸료-낑

☑ **サービス料**(りょう)　봉사료
사-비스료-

☑ **チップ**(tip)　팁
칩뿌

　tip　읽는 법이 다르므로 발음에 주의한다.

Japanese Vocabulary

12 교통 이야기

 길 찾기

1. 지역 · 동네

✦ 지역

☑ **地域**(ちいき)　　　　　　지역
치이끼

☑ **都市**(とし)　　　　　　　도시
토시

☑ **都会**(とかい)　　　　　　도심
토까이

　　tip 우리말로 '도회지'란 뜻이다.

☑ **都内**(とない)　　　　　　도내
토나이

　　tip 일본의 수도인 도쿄는 시(市)가 아니라 도(都)에 속해 있기 때
　　문에, 都内(도내) 즉, 도(都) 안이라는 것은 바로 도심에서 사
　　는 것을 말한다.

☑ **市内**(しない)　　　　　　시내
시나이

☑ **地方**(ちほう)　　　　　　지방
치호ー

☑ **田舎**(いなか)   **시골**
이나카

　tip '고향'이란 뜻으로도 쓰인다.

☑ **郊外**(こうがい)   **교외**
코-가이

☑ **市外**(しがい)   **시외**
시가이

✦ 동네

☑ **町**(まち)   **동네**
마찌

　tip '거리, 도시'란 뜻으로도 쓰이며, 街(がい, 가이)란 한자도 같은 뜻으로 쓴다.

☑ **町並**(まちなみ)   **시가지**
마찌나미

☑ **繁華街**(はんかがい)   **번화가**
항까가이

　tip 다른 말로 町中(まちなか, 마찌나까)라고도 한다.

☑ **オフィス**(office)**街**(がい)   **오피스가**
오휘스가이

☑ **商店街**(しょうてんがい)   **상점가**
쇼-뗑가이

293

2. 위치 · 장소

◆ 위치

☑ **位置**(いち)
이찌
위치

☑ **上**(うえ)
우에
위

☑ **下**(した)
시따
아래

☑ **前**(まえ)
마에
앞

☑ **後**(うし)**ろ**
우시로
뒤

> **tip** 맨 뒤의 ろ(로)가 한자 밖으로 쓰이는 것에 주의한다. 많이 틀리는 표기법이므로 잘 알아둔다.

☑ **中**(なか)
나까
가운데

> **tip** '안, 속'이란 뜻으로도 쓰인다.

☑ **外**(そと)
소또
겉

☑ **内**(うち)
우찌
안

☑ **間(あいだ)**　　　　　　　　사이
아이다

　tip　다른 말로 間(ま, 마)라고도 한다.

☑ **横(よこ)**　　　　　　　　옆
요꼬

☑ **そば**　　　　　　　　곁
소바

☑ **奥(おく)**　　　　　　　　속
오꾸

☑ **隅(すみ)**　　　　　　　　구석
스미

◆ 장소

☑ **場所(ばしょ)**　　　　　　　장소
바쇼

　tip　회화에서는 所(ところ, 토꼬로)라고도 한다.

☑ **近所(きんじょ)**　　　　　　근처, 근방
킨죠

　tip　다른 말로 近(ちか)く(치까꾸)라고도 한다.

☑ **周囲(しゅうい)**　　　　　　주위
슈-이

　tip　다른 말로 周(まわ)り(마와리)라고도 한다.

295

☑ **周辺**(しゅうへん)　　　주변
슈―헹

　tip 다른 말로 辺(あた)り(아따리)라고도 한다.

☑ **突**(っ)**き当**(あ)**たり**　　　막다른 곳
츠끼아따리

☑ **街角**(まちかど)　　　길모퉁이
마찌까도

3. 방향·방위

◆ 방향

☑ **方向**(ほうこう)　　　방향
호―꼬―

☑ **こちら**　　　이쪽
코찌라

　tip 회화에서는 줄여서 こっち(콧찌)라고 한다.

☑ **そちら**　　　그쪽
소찌라

　tip 회화에서는 줄여서 そっち(솟찌)라고 한다.

☑ **あちら**　　　저쪽
아찌라

　tip 회화에서는 줄여서 あっち(앗찌)라고 한다.

☑ **どちら**　　　　　　　　어느 쪽
도찌라

　tip 회화에서는 줄여서 どっち(돗찌)라고 한다.

☑ **あちらこちら**　　　　여기저기
아찌라코찌라

　tip 회화에서는 줄여서 あっちこっち(앗찌꽃찌)라고 한다.

[기본 표현]

☑ **左**(ひだり)　　　　　　왼쪽
히다리

　tip 左側(ひだりがわ, 히다리가와)라고도 한다.

☑ **右**(みぎ)　　　　　　　오른쪽
미기

　tip 右側(みぎがわ, 미기가와)라고도 한다.

☑ **外側**(そとがわ)　　　　바깥쪽
소또가와

☑ **内側**(うちがわ)　　　　안쪽
우찌가와

☑ **前側**(まえがわ)　　　　앞쪽
마에가와

☑ **後**(うし)**ろ側**(がわ)　　뒤쪽
우시로가와

- ☑ **表(おもて)**　　　　　　　　　앞면, 겉면
  오모떼

- ☑ **裏(うら)**　　　　　　　　　　뒷면, 안쪽
  우라

[보충 표현]

- ☑ **正面(しょうめん)**　　　　　　정면
  쇼-멩

- ☑ **側面(そくめん)**　　　　　　　측면
  소꾸멩

- ☑ **向(む)かい**　　　　　　　　　건너편
  무까이

  tip 向(む)かい側(がわ, 무까이가와)라고도 한다.

- ☑ **反対側(はんたいがわ)**　　　　반대편
  한따이가와

- ☑ **向(む)こう**　　　　　　　　　맞은편
  무꼬-

  tip 向(む)こう側(がわ, 무꼬-가와)라고도 한다.

- ☑ **斜(なな)め**　　　　　　　　　대각선 방향
  나나메

- ☑ **手前(てまえ)**　　　　　　　　바로 앞
  테마에

✦ 방위

☑ **方位**(ほうい)　　　　　　　　방위
호-이

> **tip** 다른 말로 方角(ほうがく, 호-가꾸)라고도 한다.

☑ **東西南北**(とうざいなんぼく)　동서남북
토-자이남보꾸

[여러 가지 방위]

☑ **東**(ひがし)　　　　　　　　동
히가시

☑ **西**(にし)　　　　　　　　　서
니시

☑ **南**(みなみ)　　　　　　　　남
미나미

☑ **北**(きた)　　　　　　　　　북
키따

도로 교통

1. 길 · 도로

♦ 길

☑ **道(みち)**　　　　　　　**길**
　미찌

☑ **通(とお)り**　　　　　　　**거리**
　토-리

　tip 길 또는 도로를 나타내기도 한다.

☑ **近道(ちかみち)**　　　　**지름길**
　치까미찌

☑ **遠回(とおまわ)り**　　　**돌아가는 길**
　토-마와리

☑ **大通(おおどお)り**　　　**큰길**
　오-도-리

☑ **抜(ぬ)け道(みち)**　　　**샛길**
　누께미찌

☑ **路地(ろじ)**　　　　　　**골목길**
　로지

tip 다른 말로 路地裏(ろじうら, 로지우라)라고도 한다.

☑ **上(のぼ)り坂(ざか)**　　　　　오르막길
노보리자까

☑ **下(くだ)り坂(ざか)**　　　　　내리막길
쿠다리자까

◆ **도로**

☑ **道路(どうろ)**　　　　　도로
도-로

☑ **車道(しゃどう)**　　　　　차도
샤도-

☑ **人道(じんどう)**　　　　　인도
진도-

☑ **歩道(ほどう)**　　　　　보도
호도-

☑ **地下道(ちかどう)**　　　　　지하도
치까도-

☑ **高速道路(こうそくどうろ)**　　　　　고속도로
코-소꾸도-로

☑ **交差点(こうさてん)**　　　　　교차로
코-사뗑

☑ **四(よっ)つ角(かど)**　　　　네거리
옷쯔까도

☑ **十字路(じゅうじろ)**　　　　십자로
쥬-지로

2. 교통 시설

♦ 교통 신호

☑ **信号(しんごう)**　　　　신호
싱고-

> **tip** 관련 표현
> 신호가 바뀌다　信号(しんごう)が変(か)わる　싱고-가 카와루
> 신호를 지키다　信号(しんごう)を守(まも)る　싱고-오 마모루

☑ **信号灯(しんごうま)ち**　　　신호 대기
싱고-마찌

☑ **信号灯(しんごうとう)**　　　신호등
싱고-또-

> **tip** 일본에서는 신호등을 '신호기'라고도 한다.

☑ **赤信号(あかしんごう)**　　　빨간불
아까싱고-

☑ **青信号(あおしんごう)**　　　파란불
아오싱고-

◆ 신호 시설물

☑ **歩道橋**(ほどうきょう)　　　　육교
　호도-꾜-

☑ **横断歩道**(おうだんほどう)　　　횡단보도
　오-당호도-

☑ **踏**(ふ)**み切**(き)**り**　　　　　건널목
　후미끼리

◆ 도로 표지판

☑ **道路標識**(どうろひょうしき)　　도로 표지판
　도-로효-시끼

☑ **一方通行**(いっぽうつうこう)　　일방통행
　입뽀-츠-꼬-

☑ **一時停止**(いちじていし)　　　일시정지
　이찌지테-시

☑ **工事中**(こうじちゅう)　　　　공사중
　코-지쮸-

☑ **進**(すす)**め**　　　　　　　나가시오
　스스메

☑ **止**(と)**まれ**　　　　　　　멈추시오
　토마레

[주의 표지판]

☑ **頭上注意**(ずじょうちゅうい)　　　머리 조심
　즈죠-츄-이

☑ **足下注意**(あしもとちゅうい)　　　발 조심
　아시모또츄-이

☑ **ペイント注意**(ちゅうい)　　　칠 주의
　페인또츄-이

[금지 표지판]

☑ **駐車禁止**(ちゅうしゃきんし)　　　주차 금지
　츄-샤킨시

☑ **通行禁止**(つうこうきんし)　　　통행 금지
　츠-꼬-킨시

☑ **出入禁止**(でいりきんし)　　　출입 금지
　데이리킨시

> **tip** 출입(出入)은 でいり(데이리)라고 읽는다. しゅつにゅう(슈쯔뉴-)라고 잘못 읽지 않도록 주의한다.

3. 교통 위반

☑ **交通違反**(こうつういはん)　　　교통 위반
　코-쯔-이항

304

☑ **交通規則**(こうつうきそく)　　교통 규칙
코-쯔-키소꾸

☑ **交通法規**(こうつうほうき)　　교통 법규
코-쯔-호-끼

☑ **違反**(いはん)　　위반
이항

☑ **処罰**(しょばつ)　　처벌
쇼바쯔

☑ **罰金**(ばっきん)　　벌금
박낑

> **tip** 관련 표현
> 벌금을 내다　罰金(ばっきん)を払(はら)う　박낑오 하라우
> 벌금을 물다　罰金(ばっきん)をとられる　박낑오 토라레루

◆ 위반 행위

☑ **違反行為**(いはんこうい)　　위반 행위
이항코-이

☑ **速度違反**(そくどいはん)　　속도 위반
소꾸도이항

> **tip** '속도'는 スピード(speed, 스삐-도)라고도 한다.

☑ **信号無視**(しんごうむし)　　신호 무시
싱고-무시

☑ **不法駐車**(ふほうちゅうしゃ)　　불법 주차
후호–쥬–샤

☑ **無断横断**(むだんおうだん)　　무단 횡단
무당오–당

4. 교통 사고

☑ **事故**(じこ)　　사고
지꼬

☑ **交通事故**(こうつうじこ)　　교통 사고
코–쯔–지꼬

☑ **けが人**(にん)　　부상자
케가닝

✦ 여러 가지 교통 사고

☑ **追突事故**(ついとつじこ)　　추돌 사고
츠이또쯔지꼬

☑ **衝突事故**(しょうとつじこ)　　충돌 사고
쇼–또쯔지꼬

☑ **引**(ひ)**き逃**(に)**げ**　　뺑소니 사고
히끼니게

✦ 사고 원인

☑ **不注意(ふちゅうい)**　　　부주의
후쮸-이

☑ **居眠(いねむ)り運転(うんてん)**　졸음 운전
이네무리운뗑

☑ **酔(よ)っぱらい運転(うんてん)**　음주 운전
욥빠라이운뗑

✦ 사고 처리

☑ **加害者(かがいしゃ)**　　　가해자
카가이샤

☑ **被害者(ひがいしゃ)**　　　피해자
히가이샤

☑ **賠償(ばいしょう)**　　　배상
바이쇼-

☑ **保険(ほけん)**　　　보험
호껭

> **tip** 관련 어휘
> 생명보험　生命保険(せいめいほけん)　세-메-호껭
> 화재보험　火災保険(かさいほけん)　카사이호껭
> 손해보험　損害保険(そんがいほけん)　송가이호껭

03 교통 수단

1. 버스

☑ **バス**(bus)
바스

버스

☑ **発車**(はっしゃ)
핫쌰

발차

☑ **停車**(ていしゃ)
테-샤

정차

☑ **終点**(しゅうてん)
슈-뗑

종점

♦ 여러 가지 버스

☑ **市内**(しない)**バス**
시나이바스

시내버스

☑ **観光**(かんこう)**バス**
캉꼬-바스

관광버스

☑ **直行**(ちょっこう)**バス**
촉꼬-바스

직행버스

☑ **高速(こうそく)バス**
코-소꾸바스
고속버스

♦ **버스 타기**

☑ **乗車(じょうしゃ)**
죠-샤
승차

☑ **下車(げしゃ)**
게샤
하차

☑ **路線(ろせん)**
로셍
노선

☑ **行(ゆ)き**
유끼
행, 방향

> **tip** いき(이끼)라고 읽지 않으므로 주의한다.

☑ **バス料金(りょうきん)**
바스료-낑
버스 요금

> **tip** 다른 말로 バス代(だい, 바스다이)라고도 한다.

☑ **バス停(てい)**
바스떼-
버스 정류장

> **tip** 停(てい, 테-)는 停留場(ていりゅうじょう, 테-류-죠-) 즉, '정류장'의 줄임말이다.

☑ **バスターミナル**(bus terminal)
바스타-미나루
버스 터미널

2. 택시

☑ **タクシー**(taxi) 　　　　　　택시
　탁씨-

　　tip 관련 표현
　　택시를 잡다 タクシーを拾(ひろ)う 탁씨-오 히로우
　　택시를 세우다 タクシーを止(と)める 탁씨-오 토메루

◆ 택시 타기

☑ **タクシー乗**(の)**り場**(ば) 　　택시 타는 곳
　탁씨-노리바

　　tip 택시 정류장을 가리키는 말이다.

☑ **空車**(くうしゃ) 　　　　　　빈차
　쿠-샤

☑ **乗**(の)**り合**(あ)**い** 　　　　합승
　노리아이

☑ **目的地**(もくてきち) 　　　　목적지
　모꾸떼끼찌

☑ **基本料金**(きほんりょうきん) 기본 요금
　키홍료-낑

☑ **割増**(わりまし) 　　　　　　할증
　와리마시

☑ **タクシー料金(りょうきん)**　　택시 요금
쿠씨-료-낑

　tip　다른 말로 タクシー代(だい, 탁씨-다이)라고도 한다.

3. 자동차 (1)

☑ **車(くるま)**　　　　　　　차
쿠루마
　tip　관련 어휘
　　　신형　新型(しんがた)　싱가따
　　　구형　旧型(きゅうがた)　큐-가따

☑ **自動車(じどうしゃ)**　　자동차
지도-샤

☑ **乗用車(じょうようしゃ)**　　승용차
죠-요-샤

☑ **自転車(じてんしゃ)**　　자전거
지뗀샤

☑ **オートバイ**　　　　　　오토바이
오-또바이
　tip　회화에서는 バイク(바이꾸)라고도 한다.

☑ **トラック(truck)**　　　　트럭
토락꾸

✦ 자동차 관련 어휘

☑ **性能**(せいのう)　　　　　성능
　세-노-

☑ **燃料**(ねんりょう)　　　　연료
　넨료-

☑ **速度**(そくど)　　　　　　속도
　소꾸도

> tip '시속'은 時速(じそく, 지소꾸)라고 한다.

☑ **駆動**(くどう)　　　　　　구동
　쿠도-

> tip 관련 어휘
> 　전륜(앞바퀴)　前輪(ぜんりん)　젠링
> 　후륜(뒷바퀴)　後輪(こうりん)　코-링
> 　사륜(앞뒤바퀴)　四輪(よんりん)　욘링

☑ **排気量**(はいきりょう)　　배기량
　하이끼료-

✦ 여러 가지 자동차

☑ **新車**(しんしゃ)　　　　　신차
　신샤

☑ **中古車**(ちゅうこしゃ)　　중고차
　츄-꼬샤

☑ **国産車**(こくさんしゃ)　　　　국산차
　코싼샤

☑ **輸入車**(ゆにゅうしゃ)　　　　수입차
　유뉴-샤

☑ **小型車**(こがたしゃ)　　　　소형차
　코가따샤

☑ **中型車**(ちゅうがたしゃ)　　　중형차
　츄-가따샤

☑ **大型車**(おおがたしゃ)　　　대형차
　오-가따샤

☑ **レンタカー**(rent a car)　　렌터카
　렌따까-

☑ **スポーツカー**(sports car)　스포츠카
　스뽀-쯔까-

◆ 운전 방식

☑ **オートマチック**(automatic)　오토매틱
　오-또마찍꾸

　tip 회화에서는 オートマ(오-또마)라고 한다.

☑ **マニュアル**(manual)　　　스틱
　마뉴아루

　tip 일본에서는 스틱을 '매뉴얼'이라고 한다.

◆ 자동차의 구성

[차의 외부]

☑ **ドア**(door)
도아

문

☑ **窓**(まど)
마도

창문

☑ **フロントガラス**
후론또가라스

앞 유리

☑ **バックミラー**(back mirror)
박꾸미라ー

백 미러

> **tip** ミラー(미라ー)는 '거울'이란 뜻이다.

☑ **サイドミラー**(side mirror)
사이도미라ー

사이드 미러

☑ **ボンネット**(bonnet)
본넷또

보닛

☑ **トランク**(trunk)
토랑꾸

트렁크

☑ **タイヤ**(tire)
타이야

타이어

> **tip** 우리말과 발음이 다르므로, タイア(타이아)라고 잘못 발음하지 않도록 주의한다.

[차의 내부]

☑ **運転席(うんてんせき)**
운뗀세끼
운전석

☑ **助手席(じょしゅせき)**
죠슈세끼
조수석

☑ **シート(seat)**
시-또
시트, 좌석

☑ **エアバッグ(air bag)**
에아박구
에어백

☑ **ハンドル(handle)**
한도루
핸들

☑ **クラクション(klaxon)**
쿠락숑
클랙슨

　tip 핸들 중앙에 있는 '경적'을 말한다.

☑ **ギアー(gear)**
기아-
기어

☑ **エンジン(engine)**
엔징
엔진

　tip 다른 말로 '시동'을 뜻하기도 한다.

☑ **バッテリー(battery)**
받떼리-
배터리

315

☑ **アクセル**(accelerator)　　　　　　액셀
　악쎄루

☑ **ブレーキ**(brakes)　　　　　　　브레이크
　부레—끼

　　tip ブレイク(부레이꾸)라고 발음하지 않도록 주의한다.

☑ **クラッチ**(crutch)　　　　　　　클러치
　쿠랏찌

4. 자동차 (2)

◆ 운전

☑ **運転**(うんてん)　　　　　　　　운전
　운뗀

　　tip 다른 말로 '드라이브' 즉, ドライブ(drive, 도라이부)라고 한다.

☑ **免許**(めんきょ)　　　　　　　　면허
　멩꾜

☑ **運転免許証**(うんてんめんきょしょう)　운전면허증
　운뗀멩꾜쇼—

　　tip 보통 줄여서 免許証(めんきょしょう, 멩꾜쇼—)라고 한다.

☑ **教習所**(きょうしゅうじょ)　　　　운전학원
　쿄—슈—죠

　　tip 일본에서는 운전학원을 '교습소'라고 한다.

☑ **左折(させつ)**　　　　　　좌회전
사세쯔

☑ **右折(うせつ)**　　　　　　우회전
우세쯔

☑ **ユーターン**(U turn)　　　유턴
유-따앙

☑ **追(お)い越(こ)し**　　　　추월
오이꼬시

☑ **車線(しゃせん)**　　　　　차선
샤셍

◆ 주차

☑ **駐車(ちゅうしゃ)**　　　　주차
츄-샤
　tip 다른 말로 パーキング(parking, 파-낑구)라고도 한다.

☑ **駐車場(ちゅうしゃじょう)**　주차장
츄-샤죠-

☑ **駐車料金(ちゅうしゃりょうきん)**　주차 요금
츄-샤료-낑

☑ **満車(まんしゃ)**　　　　　만차
만샤
　tip 주차장에 차가 꽉 찬 상태를 나타내는 말이다.

✦ 주유 · 세차

☑ **ガソリンスタンド**(gasoline stand) 주유소
가소린스딴도

> **tip** 관련 표현
> 주유하다 オイルを入(い)れる 오이루오 이레루

☑ **洗車**(せんしゃ) 세차
센샤

[여러 가지 기름]

☑ **オイル**(oil) 기름
오이루

☑ **灯油**(とうゆ) 등유
토-유

☑ **軽油**(けいゆ) 경유
케-유

☑ **揮発油**(きはつゆ) 휘발유
키하쯔유

✦ 수리 · 정비

☑ **修理**(しゅうり) 수리
슈-리

> **tip** '수리하다'는 直(なお)す(나오스)라고도 한다.

☑ **整備(せいび)**　　　　　정비
　세-비

☑ **故障(こしょう)**　　　　고장
　코쇼-

☑ **異常(いじょう)**　　　　이상
　이죠-

☑ **欠陥(けっかん)**　　　　결함
　켁깡

[자동차 트러블]

☑ **エンジンがかからない**　　시동이 안 걸리다
　엔징가 카까라나이

　tip　かかる(카까루) 대신에 きく(키꾸)를 써도 된다.

☑ **ブレーキがきかない**　　　브레이크가 안 걸리다
　부레-끼가 키까나이

　tip　きく(키꾸)는 '말을 듣다, 잘 되다'란 뜻이다.

☑ **ギアーが動(うご)かない**　　기어가 안 움직이다
　기아-가 우고까나이

☑ **トランクが開(あ)かない**　　트렁크가 안 열리다
　토랑꾸가 아까나이

☑ **サイドミラーが壊(こわ)れる**　사이드미러가 부서지다
　사이도미라-가 코와레루

☑ **タイヤがパンクする**　　　타이어가 펑크나다
　타이야가 팡꾸스루

☑ **バッテリーがあがる**　　　배터리가 떨어지다
　밧떼리-가 아가루

　tip あがる(아가루) 대신 きれる(키레루)도 쓰인다.

5. 기차 · 열차

☑ **汽車(きしゃ)**　　　　　　기차
　키샤

☑ **列車(れっしゃ)**　　　　　열차
　렛샤

　tip 일본에서는 기차보다 열차란 표현을 많이 쓴다.

☑ **鉄道(てつどう)**　　　　　철도
　테쯔도-

✦ 여러 가지 열차

☑ **新幹線(しんかんせん)**　　신칸센
　싱깐셍

　tip 일본의 초고속 열차를 말한다.

☑ **普通列車(ふつうれっしゃ)**　보통열차
　후쯔-렛샤

☑ **急行列車**(きゅうこうれっしゃ)　　급행열차
　큐-꼬-렛샤

☑ **食堂車**(しょくどうしゃ)　　식당차
　쇼꾸도-샤

☑ **禁煙車**(きんえんしゃ)　　금연차
　킹엔샤

☑ **グリーン車**(しゃ)　　특등차
　구리인샤

✦ 표 예매

☑ **乗車券**(じょうしゃけん)　　승차권
　죠-샤껭

☑ **片道**(かたみち)　　편도
　카따미찌

☑ **往復**(おうふく)　　왕복
　오-후꾸

　tip '왕복하다'는 往復(おうふく)する(오-후꾸스루)라고 한다.

☑ **指定席**(していせき)　　지정석
　시떼-세끼

☑ **自由席**(じゆうせき)　　자유석
　지유-세끼

☑ **グリーン席(せき)**　　　　특등석
구리인세끼

◆ 기차 타기

☑ **フラットホーム(flathome)**　　플랫폼
후랏또호-무

　tip　보통 ホーム(호-무)라고 줄여서 말한다.

☑ **時刻表(じこくひょう)**　　시각표
지꼬꾸효-

☑ **上(のぼ)り線(せん)**　　상행선
노보리셍

☑ **下(くだ)り線(せん)**　　하행선
쿠다리셍

☑ **待合室(まちあいしつ)**　　대합실
마찌아이시쯔

6. 전철 · 지하철

☑ **電車(でんしゃ)**　　전철
덴샤

　tip　지상으로 다니는 전철로, 일본에서는 '전차'라고 한다.

☑ **地下鉄**(ちかてつ)　　　　　　지하철
치까떼쯔

　tip 지하로 다니는 전철을 말한다.

◆ 전철의 운행

☑ **各駅停車**(かくえきていしゃ)　각 역 정차
카꾸에끼떼-샤

☑ **快速**(かいそく)　　　　　　쾌속
카이소꾸

☑ **急行**(きゅうこう)　　　　　급행
큐-꼬-

☑ **特急**(とっきゅう)　　　　　특급
톡뀨-

◆ 역 안에서

☑ **駅**(えき)　　　　　　　　　역
에끼

☑ **駅員**(えきいん)　　　　　　역무원
에끼잉

☑ **切符発売機**(きっぷはつばいき)　승차권 발매기
킵뿌하쯔바이끼

- ☑ **料金清算機**(りょうきんせいさんき)　　요금 정산기
  로-낀세-상끼

  tip 보통 清算機(せいさんき, 세-상끼)라고 줄여서 말한다.

- ☑ **路線図**(ろせんず)　　　　　노선도
  로센즈

- ☑ **ダイヤ**　　　　　　　　운행시간표
  다이야

- ☑ **定期券**(ていきけん)　　　　정기권
  테-끼껭

  tip 일본에는 정액권이 없다.

◆ 전철 타기

- ☑ **改札口**(かいさつぐち)　　　개찰구
  카이사쯔구찌

- ☑ **出口**(でぐち)　　　　　　출구
  데구찌

  tip 관련 어휘
  동쪽 출구　東口(ひがしぐち)　히가시구찌
  서쪽 출구　西口(にしぐち)　니시구찌
  남쪽 출구　南口(みなみぐち)　미나미구찌
  북쪽 출구　北口(きたぐち)　키따구찌

- ☑ **始発**(しはつ)　　　　　　첫차
  시하쯔

☑ **終電**(しゅうでん)　　　　　　　　**막차**
　슈-뎅

☑ **乗**(の)**り換**(か)**え**　　　　　　　　**환승**
　노리까에

☑ **優先席**(ゆうせんせき)　　　　　　　**경로석**
　유-센세끼

　　tip　일본에서는 경로석을 '우선석'이라고 한다.

7. 배 · 선박

☑ **船**(ふね)　　　　　　　　　　　**배**
　후네

　　tip　다른 말로 舟(ふな, 후나)라고도 한다.

☑ **船舶**(せんぱく)　　　　　　　　**선박**
　셈빠꾸

✦ 여러 가지 선박

☑ **汽船**(きせん)　　　　　　　　　**기선**
　키셍

☑ **客船**(きゃくせん)　　　　　　　**객선**
　캬쎙

☑ **遊覧船**(ゆうらんせん)　　　　유람선
유-란셍

☑ **貨物船**(かもつせん)　　　　화물선
카모쯔셍

✦ 배 타기

☑ **港**(みなと)　　　　항구
미나또

☑ **船出**(ふなで)　　　　출항
후나데

☑ **船賃**(ふなちん)　　　　선임, 뱃삯
후나찡

　tip　ふねちん(후네찡)이라고 발음하지 않도록 주의한다.

☑ **船荷**(ふなに)　　　　뱃짐
후나니

☑ **船頭**(せんどう)　　　　선장
센또-

　tip　이 단어는 '배의 우두머리'란 뜻이므로 잘 알아둔다.

☑ **船員**(せんいん)　　　　선원
셍잉

☑ **船客**(せんきゃく)　　　　선객
셍까꾸

☑ **船室**(せんしつ)　　　　　　선실
　센시쯔

☑ **客室**(きゃくしつ)　　　　　　객실
　캬쿠씨쯔

☑ **医務室**(いむしつ)　　　　　　의무실
　이무시쯔

8. 비행기

☑ **飛行機**(ひこうき)　　　　　　비행기
　히꼬-끼

☑ **航空機**(こうくうき)　　　　　항공기
　코-꾸-끼

☑ **飛行**(ひこう)　　　　　　　　비행
　히꼬-

　　tip 관련 어휘
　　　　이륙　離陸(りりく)　리리꾸
　　　　착륙　着陸(ちゃくりく)　챠꾸리꾸

☑ **便名**(びんめい)　　　　　　　편명
　빈메-

　　tip 운항하는 항공기를 나타내는 고유 번호나 이름을 가리키는 말로,
　　　　이것으로 항공기를 구별할 수 있다.

☑ **便(びん)** 　　　　　　　　　　　**편, 비행기**

빙

　tip 　'비행기, 항공기'를 가리키는 말로, 항공기 번호 뒤에 쓴다. 예를 들면 다음과 같이 쓰인다.

　701편　７０１便(ななまるいちびん)　나나마루이찌빙

　오후 비행기　午後(ごご)の便(びん)　고고노 빙

♦ 항공기 승무원

☑ **乗務員(じょうむいん)** 　　　　　**승무원**

죠-무잉

☑ **パイロット(pilot)** 　　　　　　　**파일럿**

파이롯또

　tip 　비행기 조종사를 말하며, 발음이 어려우므로 주의한다.

☑ **機長(きちょう)** 　　　　　　　　**기장**

키쬬-

☑ **航空整備士(こうくうせいびし)** 　**항공정비사**

코-꾸-세-비시

☑ **スチュワーデス(stewardess)** 　　**스튜어디스**

스쮸와-데스

　tip 　회화에서는 スッチー(숫찌-)라고 줄여서 말한다.

☑ **スチュワード(steward)** 　　　　**스튜어드**

스쮸와-도

　tip 　남자 승무원을 가리키는 말이다.

✦ 좌석 예약

☑ **座席**(ざせき)　　　　　　　　**좌석**
자세끼

> **tip** 관련 어휘
>
> 이코노미 클래스　エコノミークラス(economy class)
> 　　　　　　　　이꼬노미-쿠라스
>
> 비즈니스 클래스　ビジネスクラス(business class)
> 　　　　　　　　비지네스쿠라스
>
> 퍼스트 클래스　ファーストクラス(first class)
> 　　　　　　　화-스또쿠라스

☑ **満席**(まんせき)　　　　　　　　**만석**
만세끼

> **tip** 예약이 다 차서 빈 좌석이 없는 것을 말한다.

☑ **通路側**(つうろがわ)の**席**(せき)　　**통로 쪽 좌석**
츠-로가와노 세끼

☑ **窓側**(まどがわ)の**席**(せき)　　　　**창가 쪽 좌석**
마도가와노 세끼

✦ 기내에서

☑ **機内食**(きないしょく)　　　　　**기내식**
키나이쇼꾸

☑ **座席番号**(ざせきばんごう)　　　**좌석번호**
자세끼방고-

☑ **機内販売(きないはんばい)**　　　기내 판매
　　키나이함바이

　　tip 기내에서 면세품을 판매하는 것을 말한다.

☑ **座席(ざせき)ベルト(belt)**　　좌석벨트
　　자세끼베루또

☑ **コントローラ(controller)**　　컨트롤러
　　콘또로-라

　　tip 앞좌석 등받이 부분에 붙어 있는 간이 선반으로, 식사용이나
　　필기용으로 쓴다.

☑ **救命胴衣(きゅうめいどうい)**　구명 조끼
　　큐-메-도-이

☑ **酸素(さんそ)マスク(mask)**　산소 마스크
　　산소마스꾸

☑ **トイレ(toilet)**　　　　　화장실
　　토이레

　　tip 관련 어휘
　　　비어 있음　空(あ)き　아끼
　　　사용중　使用中(しようちゅう)　시요-쮸-

Japanese Vocabulary

13 날씨와 시간

날씨

1. 봄

☑ **暖(あたた)かい**　　　　　　　**따뜻하다**
아따따까이

　tip 회화에서는 あったかい(앗따까이)라고 줄여서 말한다.

◆ 봄을 나타내는 말

☑ **春雨(はるさめ)**　　　　　　　**봄비**
하루사메

☑ **春風(はるかぜ)**　　　　　　　**봄바람**
하루까제

☑ **春一番(はるいちばん)**　　　　**강한 봄바람**
하루이찌방

　tip 2~3월경에 부는 강한 봄바람을 말한다.

☑ **春(はる)の日差(ひざ)し**　　　**봄 햇살**
하루노 히자시

　tip 日差(ひざ)し(히자시)는 '햇살, 햇볕'을 뜻한다.

☑ **花冷(はなび)え**　　　　　　　**꽃샘 추위**
하나비에

2. 여름

☑ **暑(あつ)い** 덥다
  아쯔이

☑ **蒸(む)し暑(あつ)い** 무덥다
  무시아쯔이

☑ **暑苦(あつくる)しい** 후텁지근하다
  아쯔꾸루시-

◆ 여름을 나타내는 말

☑ **暑(あつ)さ** 더위
  아쯔사

☑ **蒸(む)し暑(あつ)さ** 무더위
  무시아쯔사

☑ **残暑(ざんしょ)** 늦더위
  잔쇼

☑ **梅雨(つゆ)** 장마
  츠유

> **tip** 관련 어휘
>   장마 시작 梅雨入(つゆい)り 츠유이리
>   장마 끝 梅雨明(つゆあ)け 츠유아께
>   장마철 梅雨時期(つゆじき) 츠유지끼

333

3. 가을

☑ **涼(すず)しい**   선선하다
스즈시-
   tip '시원하다, 서늘하다'란 뜻도 있다.

☑ **肌寒(はだざむ)い**   쌀쌀하다
하다자무이
   tip はださむい(하다사무이)라고 발음하지 않도록 주의한다.

✦ 가을을 나타내는 말

☑ **秋場(あきば)**   가을철
아끼바

☑ **秋晴(あきば)れ**   가을 날씨
아끼바레
   tip 다른 말로 秋日和(あきびより, 아끼비요리)라고도 한다.

☑ **秋空(あきぞら)**   가을 하늘
아끼조라

☑ **秋風(あきかぜ)**   가을 바람
아끼까제

☑ **秋雨(あきさめ)**   가을비
아끼사메
   tip あきあめ(아끼아메)라고 발음하지 않도록 주의한다.

4. 겨울

- ☑ **寒(さむ)い** 춥다
  사무이

- ☑ **冷(ひ)える** 추워지다
  히에루

- ☑ **冷(ひ)え込(こ)む** 매우 추워지다
  히에꼬무

♦ 겨울을 나타내는 말

- ☑ **寒(さむ)さ** 추위
  사무사

- ☑ **寒気(さむけ)** 한기
  사무께

- ☑ **冷(ひ)え** 냉기
  히에

- ☑ **冬空(ふゆぞら)** 겨울 하늘
  후유조라

- ☑ **寒夜(さむよ)** 겨울밤
  사무요

- ☑ **北風(きたかぜ)** 겨울 바람
  키따까제

5. 계절

☑ **季節(きせつ)**　　　　　　　　계절
　키세쯔

☑ **四季(しき)**　　　　　　　　사계
　시끼

　　tip 四를 よん(용)으로 발음하지 않도록 주의한다.

◆ 봄

☑ **春(はる)**　　　　　　　　봄
　하루

☑ **春(はる)の初(はじ)め**　　　초봄
　하루노 하지메

　　tip 다른 말로 春先(はるさき, 하루사끼)라고도 한다.

☑ **春(はる)の末(すえ)**　　　　늦봄
　하루노 스에

　　tip 여기서 末(すえ, 스에)는 '끝, 마지막'이란 뜻이다.

◆ 여름

☑ **夏(なつ)**　　　　　　　　여름
　나쯔

　　tip 관련 어휘
　　　　하지 夏至(げし) 게시

☑ **夏場**(なつば)　　　　　　　　**여름철**
　　나쯔바

☑ **夏日**(なつび)　　　　　　　　**여름날**
　　나쯔비

☑ **初夏**(はつなつ)　　　　　　　**초여름**
　　하쯔나쯔

　　tip しょか(쇼까)라고도 읽는다.

☑ **真夏**(まなつ)　　　　　　　　**한여름**
　　마나쯔

✦ **가을**

☑ **秋**(あき)　　　　　　　　　　**가을**
　　아끼

☑ **秋**(あき)の**初**(はじ)め　　　**초가을**
　　아끼노 하지메

☑ **秋**(あき)の**半**(なか)ば　　　**한가을**
　　아끼노 나까바

　　tip 다른 말로 '중추'라고도 한다. 半(なか)ば(나까바)는 '절반, 중
　　간'이란 뜻인데, 여기서는 '한창, 절정'의 뜻으로 쓰였다.

☑ **秋**(あき)の**末**(すえ)　　　　**늦가을**
　　아끼노 스에

☑ **落(お)ち葉(ば)** 　　　　낙엽
오찌바

　tip 　らくよう(라꾸요-)라고도 읽는다.

☑ **紅葉(もみじ)** 　　　　단풍
모미지

　tip 　こうよう(코-요-)라고도 읽는다.

☑ **紅葉狩(もみじが)り** 　　　단풍놀이
모미지가리

♦ **겨울**

☑ **冬(ふゆ)** 　　　　겨울
후유

　tip 　관련 어휘
　　　동지 冬至(とうじ) 토-지

☑ **冬場(ふゆば)** 　　　겨울철
후유바

☑ **冬日(ふゆび)** 　　　겨울날
후유비

☑ **初冬(しょとう)** 　　　초겨울
쇼또-

☑ **真冬(まふゆ)** 　　　한겨울
마후유

338

일기예보

1. 기상현상

◆ 비

☑ **雨(あめ)**　　　　　　　　비
　아메

☑ **小雨(こさめ)**　　　　　　가랑비
　코사메

　tip 다른 말로 '보슬비'라고도 한다.

☑ **にわか雨(あめ)**　　　　소나기 (봄)
　니와까아메

☑ **夕立(ゆうだち)**　　　　소나기 (여름)
　유-다찌

　tip 읽는 법이 어려우므로 주의하여 발음한다.

☑ **どしゃ降(ぶ)り**　　　　장대비
　도샤부리

　tip 억수같이 내리는 비를 말한다.

☑ **通(とお)り雨(あめ)**　　지나가는 비
　토-리아메

　tip 소나기처럼 잠시 내렸다가 멎는 비를 말한다.

♦ 눈

☑ 雪(ゆき)   눈
　유끼

☑ 初雪(はつゆき)   첫 눈
　하쯔유끼

☑ ぼたん雪(ゆき)   함박눈
　보땅유끼

　　tip 다른 말로 綿雪(わたゆき, 와따유끼)라고도 한다.

☑ 霙(みぞれ)   진눈깨비
　미조레

☑ 霰(あられ)   싸라기눈
　아라레

♦ 바람

☑ 風(かぜ)   바람
　카제

　　tip 관련 표현
　　　　바람이 강하다　風(かぜ)が強(つよ)い　카제가 츠요이
　　　　바람이 약하다　風(かぜ)が弱(よわ)い　카제가 요와이

☑ そよ風(かぜ)   미풍
　소요까제

　　tip 솔솔 부는 산들바람을 말한다.

✦ 기상현상

☑ **霜(しも)**　　　　　　　　　**서리**
　시모

☑ **露(つゆ)**　　　　　　　　　**이슬**
　츠유

☑ **雹(ひょう)**　　　　　　　　**우박**
　효-

☑ **霧(きり)**　　　　　　　　　**안개**
　키리

☑ **氷柱(つらら)**　　　　　　　**고드름**
　츠라라

☑ **雷(かみなり)**　　　　　　　**천둥**
　카미나리

　　tip 관련 표현
　　천둥치다　雷(かみなり)が鳴(な)る　카미나리가 나루

☑ **稲妻(いなずま)**　　　　　　**번개**
　이나즈마

　　tip 관련 표현
　　번개치다　稲妻(いなずま)が光(ひか)る　이나즈마가 히까루

☑ **虹(にじ)**　　　　　　　　　**무지개**
　니지

　　tip 다른 말로 レインボー(rainbow, 레임보-)라고도 한다.

2. 일기예보

☑ **天気(てんき)**　　　　　　　　　날씨
　텡끼

> **tip** 항상 앞에 お(오)를 붙여서 お天気(てんき, 오뗑끼)라고 한다.
> 다음은 날씨를 가리키는 표현이다.
> 天候(てんこう) 텡꼬−
> 空模様(そらもよう) 소라모요−

♦ 일기예보 표현

☑ **天気予報(てんきよほう)**　　　일기예보
　텡끼요호−

☑ **天気情報(てんきじょうほう)**　날씨 정보
　텡끼죠−호−

☑ **晴(は)れ**　　　　　　　　　　맑음
　하레

> **tip** '맑다'는 晴(は)れる(하레루)라고 한다.

☑ **曇(くも)り**　　　　　　　　　흐림
　쿠모리

> **tip** '흐리다'는 曇(くも)る(쿠모루)라고 한다.

☑ **一時(いちじ)**　　　　　　　　한 때
　이찌지

> **tip** 다른 말로 '일시적'이라고도 한다.

- ☑ **時々(ときどき)**　　　　　때때로
  토끼도끼

- ☑ **所(ところ)によって**　　　곳에 따라
  토꼬로니 욧떼

- ☑ **のち**　　　　　　　　후, 뒤
  노찌

  > **tip** 한자는 後(후)를 쓰지만, 보통 히라가나로 표기한다.

✦ 일기예보의 예

- ☑ **晴(は)れ時々(ときどき)曇(くも)り** 맑음 때때로 흐림
  하레 토끼도끼 쿠모리

- ☑ **曇(くも)りのち雨(あめ)**　　　흐린 뒤 비
  쿠모리 노찌 아메

- ☑ **曇(くも)り一時(いちじ)雪(ゆき)** 흐리고 한 때 눈
  쿠모리 이찌지 유끼

✦ 일기예보 용어

- ☑ **気温(きおん)**　　　　　기온
  키옹

  > **tip** 관련 어휘
  > 최고기온　最高気温(さいこうきおん)　사이꼬-키옹
  > 최저기온　最低気温(さいていきおん)　사이떼-키옹

☑ **湿度(しつど)**　　　　　　　　　習도
시쯔도

☑ **気圧(きあつ)**　　　　　　　　　기압
키아쯔

　tip 관련 어휘
　　고기압 高気圧(こうきあつ)　코-끼아쯔
　　저기압 低気圧(ていきあつ)　테-끼아쯔

☑ **確率(かくりつ)**　　　　　　　　확률
카꾸리쯔

　tip 관련 어휘
　　비 올 확률 雨(あめ)の確率(かくりつ)　아메노 카꾸리쯔
　　눈 올 확률 雪(ゆき)の確率(かくりつ)　유끼노 카꾸리쯔

☑ **降水量(こうすいりょう)**　　　　강수량
코-스이료-

☑ **降雪量(こうせつりょう)**　　　　강설량
코-세쯔료-

☑ **寒冷前線(かんれいぜんせん)**　　한랭전선
칸레-젠셍

☑ **温暖前線(おんだんぜんせん)**　　온난전선
온단젠셍

☑ **梅雨前線(ばいうぜんせん)**　　　장마전선
바이우젠셍

　tip 여기서는 '장마'를 ばいう(바이우)라고 읽는다.

344

3. 자연재해

☑ 災害(さいがい)　　　　　　재해
　사이가이

☑ 天災(てんさい)　　　　　　천재지변
　텐사이
　tip 일본에서는 천재지변을 '천재'라고 한다.

☑ 注意報(ちゅういほう)　　　주의보
　쥬-이호-

☑ 警報(けいほう)　　　　　　경보
　케-호-

◆ 여러 가지 재해

☑ 地震(じしん)　　　　　　　지진
　지싱

☑ 火災(かさい)　　　　　　　화재
　카사이

☑ 大雨(おおあめ)　　　　　　호우
　오-아메

☑ 浸水(しんすい)　　　　　　침수
　신스이

☑ **洪水**(こうずい)　　　　　홍수
코-즈이
　tip　읽는 법이 어려우므로 주의하여 발음한다.

☑ **暴風雨**(ぼうふうう)　　　　폭풍우
보-후-우

☑ **吹雪**(ふぶき)　　　　　　눈보라
후부끼
　tip　읽는 법이 어려우므로 주의하여 발음한다.

☑ **台風**(たいふう)　　　　　태풍
타이후-

☑ **津波**(つなみ)　　　　　해일
츠나미

☑ **波浪**(はろう)　　　　　파랑
하로-
　tip　파도가 거칠게 일어나는 것을 말한다.

☑ **雪崩**(なだれ)　　　　　눈사태
나다레
　tip　읽는 법이 어려우므로 주의하여 발음한다.

☑ **山崩**(やまくず)**れ**　　　산사태
야마꾸즈레

03 시간과 때

1. 하루 시간대

☑ **一日(いちにち)**
이찌니찌
하루

☑ **午前(ごぜん)**
고젱
오전

☑ **午後(ごご)**
고고
오후

☑ **夜明(よぁ)け**
요아께
새벽

☑ **明(あ)け方(がた)**
아께가따
해 뜰 무렵

> **tip** 明(あ)ける(아께루)는 '해가 뜨다'란 뜻이다.

☑ **朝(あさ)**
아사
아침

☑ **昼(ひる)**
히루
낮

☑ **正午(しょうご)**
쇼-고
정오

☑ **夕方(ゆうがた)**　　　　　저녁
　유-가따

☑ **夕暮(ゆうぐ)れ**　　　　　해 질 무렵
　유-구레
　tip 다른 말로 日暮(ひぐ)れ(히구레)라고도 한다.

☑ **夜(よる)**　　　　　　　밤
　요루

☑ **夜中(よなか)**　　　　　밤중
　요나까

☑ **真夜中(まよなか)**　　　한밤중
　마요나까

☑ **夜更(よふ)け**　　　　　심야
　요후께

[특별한 시간대]

☑ **夕(ゆう)べ**　　　　　　어제 저녁
　유-베

☑ **昨夜(さくや)**　　　　　어젯밤
　사꾸야

☑ **今朝(けさ)**　　　　　　오늘 아침
　케사
　tip 읽는 법이 어려우므로 주의하여 발음한다.

348 ·

☑ **今夜**(こんや)   오늘 밤
   콩야

2. 시간적 시점

☑ **昔**(むかし)   옛날
   무까시

> **tip** 이 표현을 昔々(むかしむかし, 무까시무까시)와 같이 연속하여
> 두 번 반복하면 '옛날옛적에'란 뜻이 된다.

☑ **過去**(かこ)   과거
   카꼬

☑ **現在**(げんざい)   현재
   겐자이

☑ **この頃**(ごろ)   요즈음
   코노고로

> **tip** 다른 말로 近頃(ちかごろ, 치까고로)라고도 한다.

☑ **最近**(さいきん)   최근
   사이낑

☑ **未来**(みらい)   미래
   미라이

☑ **将来**(しょうらい)   장래
   쇼-라이

☑ **これから** 앞으로
코레까라

☑ **今(いま)から** 지금부터
이마까라

☑ **先(さき)ほど** 조금 전
사끼호도
  tip 회화에서는 さっき(삭끼)라고 한다.

☑ **後(のち)ほど** 나중, 다음
노찌호도
  tip 회화에서는 後(あと, 아또)라고 한다.

3. 때와 시점 (1)

♦ 일(日)

☑ **おととい** 그저께
오또또이

☑ **昨日(きのう)** 어제
키노-
  tip さくじつ(사꾸지쯔)라고도 읽는다.

☑ **今日(きょう)** 오늘
쿄-

☑ **あした**   내일
아시따

> **tip** 한자로는 明日(명일)이라고 하는데, 보통 히라가나로 표기한다. 또한, 한자로 표기할 경우는 みょうにち(묘-니찌)라고 발음한다.

☑ **あさって**   모레
아삿떼

☑ **しあさって**   글피
시아삿떼

☑ **毎日**(まいにち)   매일
마이니찌

☑ **一日中**(いちにちじゅう)   하루 종일
이찌니찌쥬-

> **tip** 여기서의 中(じゅう, 쥬-)는 '계속 ~하다'란 뜻이다.

◆ **주(週)**

☑ **先々週**(せんせんしゅう)   지지난 주
센센슈-

☑ **先週**(せんしゅう)   지난 주
센슈-

☑ **今週**(こんしゅう)   이번 주
콘슈-

☑ **来週**(らいしゅう)　　　　　　다음 주
　라이슈-

☑ **再来週**(さらいしゅう)　　　　다다음 주
　사라이슈-

☑ **毎週**(まいしゅう)　　　　　　매주
　마이슈-

☑ **週末**(しゅうまつ)　　　　　　주말
　슈-마쯔

> **tip** 일본에서는 '주말'을 土日(どにち, 도니찌)라고도 한다. '토요
> 일과 일요일'이란 뜻으로, 회화에서 많이 쓰는 표현이다.

☑ **一週間**(いっしゅうかん)　　　일주일
　잇쓔-깡

> **tip** 일본에서는 '~주(일)'을 週(しゅう, 슈-)가 아니라 週間(しゅ
> うかん, 슈-깡)이라고 표현한다.

4. 때와 시점 (2)

✦ 월(月)

☑ **先々月**(せんせんげつ)　　　　지지난 달
　센셍게쯔

☑ **先月**(せんげつ)　　　　　　　지난 달
　셍게쯔

☑ **今月**(こんげつ)　　　　이번 달
　콩게쯔

☑ **来月**(らいげつ)　　　　다음 달
　라이게쯔

☑ **再来月**(さらいげつ)　　다다음 달
　사라이게쯔

☑ **毎月**(まいつき)　　　　매월
　마이쯔끼

☑ **月末**(げつまつ)　　　　월말
　게쯔마쯔

[월(月)의 분류]

☑ **上旬**(じょうじゅん)　　상순
　죠-즁
　tip 매달 1일부터 10일까지를 가리키는 말이다.

☑ **中旬**(ちゅうじゅん)　　중순
　츄-즁
　tip 매달 11일부터 20일까지를 가리키는 말이다.

☑ **下旬**(げじゅん)　　　　하순
　게즁
　tip 매달 21일부터 말일까지를 가리키는 말이다.

✦ 연(年)

☑ **おととし**
오또또시

재작년

☑ **去年(きょねん)**
쿄넹

작년

  tip 다른 말로 昨年(さくねん, 사꾸넹)이라고도 한다.

☑ **今年(ことし)**
코또시

올해

  tip 읽는 법이 어려우므로 주의하여 발음한다.

☑ **来年(らいねん)**
라이넹

내년

☑ **再来年(さらいねん)**
사라이넹

내후년

☑ **半年(はんとし)**
한또시

반년

  tip はんねん(한넹)이라고 발음하지 않도록 주의한다.

☑ **毎年(まいとし)**
마이또시

매년

  tip まいねん(마이넹)이라고 읽는 경우도 있다.

☑ **一年中(いちねんじゅう)**
이찌넨쥬-

일 년 내내

Japanese Vocabulary

14 자연 이야기

01 자연계

1. 하늘

☑ **空(そら)**　　　　　　　　　하늘
소라

　　tip 관련 어휘
　　　밤하늘 夜空(よぞら) 요조라

☑ **雲(くも)**　　　　　　　　　구름
쿠모

✦ 해

☑ **日(ひ)**　　　　　　　　　해
히

☑ **太陽(たいよう)**　　　　　태양
타이요-

☑ **日差(ひざ)し**　　　　　햇빛, 햇살
히자시

☑ **日向(ひなた)**　　　　　양지
히나따

　　tip 읽는 법이 어려우므로 주의하여 발음한다.

☑ **日陰(ひかげ)**　　　　　　　　**응달, 그늘**
　히까게

◆ 달

☑ **月(つき)**　　　　　　　　**달**
　츠끼

☑ **三日月(みかづき)**　　　　　　　　**초승달**
　미까즈끼

　tip 한자 표기와 읽는 법이 어려우므로, 잘 알아둔다.

☑ **半月(はんげつ)**　　　　　　　　**반달**
　항게쯔

☑ **満月(まんげつ)**　　　　　　　　**보름달**
　망게쯔

　tip 관련 어휘
　　달맞이, 달구경 月見(つきみ) 츠끼미

◆ 별

☑ **星(ほし)**　　　　　　　　**별**
　호시

☑ **流(なが)れ星(ほし)**　　　　　　　　**유성**
　나가레보시

　tip 다른 말로 '별똥별'이라고도 한다.

☑ **星屑(ほしくず)**　　　　　　　**수많은 별**
　　호시꾸즈

　　tip 밤하늘에 떠 있는 수없이 많은 별을 말한다.

2. 땅

☑ **土(つち)**　　　　　　　　　**땅, 흙**
　　츠찌

　　　tip 관련 표현
　　　　땅을 파다　土(つち)を掘(ほ)る　츠찌오 호루
　　　　땅에 묻다　土(つち)に埋(う)める　츠찌니 우메루

☑ **田(た)**　　　　　　　　　　**논**
　　타
　　tip 회화에서는 たんぼ(탐보)라고 한다.

☑ **畑(はたけ)**　　　　　　　　**밭**
　　하따께
　　tip 줄여서 はた(하따)라고도 한다.

☑ **野原(のはら)**　　　　　　　**들**
　　노하라

♦ **산**

☑ **山(やま)**　　　　　　　　　**산**
　　야마

☑ **山道(やまみち)**　　　　　　　　산길
　야마미찌

☑ **山奥(やまおく)**　　　　　　　　산속
　야마오꾸

☑ **山裾(やますそ)**　　　　　　　　산기슭
　야마스소

☑ **山(やま)の端(は)**　　　　　　　산등성이
　야마노 하

☑ **頂上(ちょうじょう)**　　　　　　산 정상
　쵸-죠-

☑ **山(やま)びこ**　　　　　　　　　메아리
　야마비꼬

　　tip 다른 말로 こだま(코다마)라고도 한다.

◆ 산의 구성

☑ **森(もり)**　　　　　　　　　　　숲
　모리

☑ **坂(さか)**　　　　　　　　　　　언덕, 고개
　사까

☑ **谷間(たにま)**　　　　　　　　　골짜기
　타니마

☑ **絶壁(ぜっぺき)**　　　　　절벽, 벼랑
젭뻬끼

　tip　'낭떠러지'라고도 하며, 崖(がけ, 가께)라고도 한다.

☑ **木(き)**　　　　　나무
키

☑ **草(くさ)**　　　　　풀
쿠사

☑ **石(いし)**　　　　　돌
이시

☑ **岩(いわ)**　　　　　바위
이와

3. 바다

☑ **海(うみ)**　　　　　바다
우미

☑ **海辺(うみべ)**　　　　　바닷가
우미베

　tip　다른 말로 浜辺(はまべ, 하마베)라고도 한다.

☑ **渚(なぎさ)**　　　　　해변
나기사

　tip　한자와 읽는 법 모두 어려우므로, 잘 알아둔다.

☑ **砂浜(すなはま)**　　　　　　　모래사장
　스나하마

☑ **島(しま)**　　　　　　　섬
　시마

　tip 관련 어휘
　　무인도　無人島(むじんとう)　무진또-

♦ 강

☑ **川(かわ)**　　　　　　　강
　카와

　tip 읽는 법은 같지만, 한자를 河(하)로 쓰기도 한다.

☑ **川辺(かわべ)**　　　　　　　냇가
　카와베

　tip 다른 말로 '강변'이라고도 한다.

☑ **川沿(かわぞ)い**　　　　　　　강가
　카와조이

☑ **渓谷(けいこく)**　　　　　　　계곡
　케-꼬꾸

02 생태계

1. 동물

☑ **動物(どうぶつ)**
도-부쯔

동물

♦ 띠 동물

☑ **牛(うし)**
우시

소

☑ **ねずみ**
네즈미

쥐

☑ **馬(うま)**
우마

말

> **tip** '망아지'는 子馬(こうま, 코우마)라고 한다.

☑ **竜(りゅう)**
류-

용

> **tip** 다른 말로 ドラゴン(dragon, 도라공)이라고도 한다.

☑ **犬(いぬ)**
이누

개

> **tip** '강아지'는 子犬(こいぬ, 코이누)라고 한다.

☑ **蛇**(へび)   뱀
헤비

☑ **鶏**(にわとり)   닭
니와또리

☑ **羊**(ひつじ)   양
히쯔지

☑ **兎**(うさぎ)   토끼
우사기

☑ **豚**(ぶた)   돼지
부따

 tip '아기 돼지'는 子豚(こぶた, 코부따)라고 한다.

☑ **猿**(さる)   원숭이
사루

☑ **虎**(とら)   호랑이
토라

♦ 그 밖의 동물

☑ **狐**(きつね)   여우
키쯔네

☑ **狸**(たぬき)   너구리
타누끼

☑ **熊(くま)**   곰
　　쿠마

　　tip 다른 말로 ベア(bear, 베아)라고도 한다.

☑ **狼(おおかみ)**   늑대, 이리
　　오-까미

　　tip 다른 말로 ウルフ(wolf, 우루후)라고도 한다.

☑ **獅子(しし)**   사자
　　시시

　　tip 다른 말로 ライオン(lion, 라이옹)이라고도 한다.

☑ **猫(ねこ)**   고양이
　　네꼬

　　tip '아기 고양이'는 子猫(こねこ, 코네꼬)라고 한다.

☑ **きりん**   기린
　　키링

☑ **らくだ**   낙타
　　라꾸다

☑ **鹿(しか)**   사슴
　　시까

☑ **かば**   하마
　　카바

☑ **象(ぞう)**   코끼리
　　조-

2. 식물

☑ **植物(しょくぶつ)**　　　　식물
쇼꾸부쯔

◆ 나무

☑ **竹(たけ)**　　　　대나무
타께

☑ **松(まつ)**　　　　소나무
마쯔
> **tip** 관련 어휘
> 　노송나무　桧(ひのき)　히노끼

☑ **桐(きり)**　　　　오동나무
키리

☑ **柳(やなぎ)**　　　　버드나무
야나기

☑ **楓(かえで)**　　　　단풍나무
카에데

☑ **銀杏(いちょう)**　　　　은행나무
이쬬-

☑ **藤(ふじ)**　　　　등나무
후지

☑ **桑**(くわ)
쿠와

뽕나무

☑ **プラタナス**(platanus)
푸라따나스

플라타너스

◆ **꽃**

☑ **百合**(ゆり)
유리

백합

☑ **薔薇**(ばら)
바라

장미

  tip 다른 말로 ローズ(rose, 로-즈)라고도 한다.

☑ **れんぎょう**
렝교-

개나리

☑ **つつじ**
츠쯔지

진달래

☑ **たんぽぽ**
탐뽀뽀

민들레

☑ **向日葵**(ひまわり)
히마와리

해바라기

☑ **コスモス**(cosmos)
코스모스

코스모스

  tip 한자는 秋桜라고 쓴다.

☑ **カーネーション**(carnation)　　카네이션
　카ー네ー숑

☑ **菊**(きく)　　국화
　키꾸

☑ **水仙**(すいせん)　　수선화
　스이셍

☑ **木槿**(むくげ)　　무궁화
　무꾸게

☑ **櫻**(さくら)　　벚꽃
　사꾸라

☑ **朝顔**(あさがお)　　나팔꽃
　아사가오

☑ **菫**(すみれ)　　제비꽃
　스미레

3. 새 · 조류

☑ **鳥**(とり)　　새
　토리

☑ **鳥類**(ちょうるい)　　조류
　쵸ー루이

◆ 여러 가지 새

☑ **鵲(かささぎ)**
카사사기
까치

☑ **烏(からす)**
카라스
까마귀

☑ **鳩(はと)**
하또
비둘기

☑ **孔雀(くじゃく)**
쿠쟈꾸
공작

☑ **いんこ**
잉꼬
잉꼬

　　tip 우리말과 일본어 발음이 똑같은 말이다.

☑ **雀(すずめ)**
스즈메
참새

☑ **燕(つばめ)**
츠바메
제비

☑ **おうむ**
오-무
앵무새

☑ **白鳥(はくちょう)**
하꾸쬬-
고니, 백조

　　tip しらとり(시라또리)라고도 읽는다.

☑ 鴎(かもめ)　　　　　　　　갈매기
　카모메

☑ 雁(がん)　　　　　　　　　기러기
　강

　tip 다른 말로 かり(카리)라고도 한다.

☑ 鶴(つる)　　　　　　　　　학
　츠루

☑ 鷲(わし)　　　　　　　　　독수리
　와시

☑ きじ　　　　　　　　　　　꿩
　키지

☑ 鴨(かも)　　　　　　　　　오리
　카모

☑ がちょう　　　　　　　　　거위
　가쬬-

☑ 七面鳥(しちめんちょう)　　칠면조
　시찌멘쬬-

☑ 啄木鳥(きつつき)　　　　　딱따구리
　키쯔쯔끼

4. 벌레 · 곤충

✦ 벌레

☑ **虫(むし)**
무시

벌레

☑ **蜘蛛(くも)**
쿠모

거미

☑ **蚤(のみ)**
노미

벼룩

☑ **南京虫(なんきんむし)**
낭낌무시

빈대

☑ **ごきぶり**
고끼부리

바퀴벌레

　　tip 보통 가타카나로 표기하는 경우가 많다.

☑ **鈴虫(すずむし)**
스즈무시

방울벌레

　　tip 鈴(すず, 스즈)는 '방울'이란 뜻이다.

☑ **やっとこ虫(むし)**
얏또꼬무시

집게벌레

☑ **みみず**
미미즈

지렁이

☑ **むかで**
무까데

지네

☑ **うじ**
우지

구더기

☑ **ひる**
히루

거머리

◆ 곤충

☑ **昆虫(こんちゅう)**
콘쮸−

곤충

☑ **蝶(ちょう)**
쵸−

나비

tip 회화에서는 ちょうちょう(쵸−쬬−)라고도 한다.

☑ **蛾(が)**
가

나방

☑ **蛍(ほたる)**
호따루

반딧불

☑ **とんぼ**
톰보

잠자리

☑ **赤(あか)とんぼ**
아까톰보

고추잠자리

☑ 蟬(せみ)
세미

매미

☑ こおろぎ
코오로기

귀뚜라미

☑ 蝗(いなご)
이나고

메뚜기

☑ 蜂(はち)
하찌

벌

tip 관련 표현
꿀벌 蜜蜂(みつばち) 미쯔바찌
말벌 すずめ蜂(ばち) 스즈메바찌

☑ 蟻(あり)
아리

개미

☑ 蠅(はえ)
하에

파리

☑ 蚊(か)
카

모기

Japanese Vocabulary

INDEX

찾아보기

ㄷ

ㄹ

ㅂ

424

426

427

ㅇ

ス

ㅊ

ㅋ

ㅌ

ㅍ

472